Alexander Scherz

Kommunikation. Das Trainingsbuch für Trainer

Alexander Scherz

Kommunikation. Das Trainingsbuch für Trainer

Aktives Besprechungs- und Kommunikationsmanagement für Trainer von Sportteams - Ein Arbeitsbuch

Trainerverlag

Imprint

Cover image: www.ingimage.com

Publisher:
Der Trainerverlag
is a trademark of
Dodo Books Indian Ocean Ltd., member of the OmniScriptum S.R.L Publishing group
str. A.Russo 15, of. 61, Chisinau-2068, Republic of Moldova Europe
Printed at: see last page
ISBN: 978-620-0-76996-1

Alexander Scherz

Kommunikation. Das Trainingsbuch für Trainer

Aktives Besprechungs- und Kommunikationsmanagement für Trainer von Sportteams. Ein Arbeitsbuch mit Praxisbeispielen, Übungen und Checklisten

Vorwort

Eine wichtige Aufgabe für Trainer besteht darin, Diskussionen in den unterschiedlichsten Gesprächssituationen zu führen. In Einstellungs-, Orientierungs-. Feedback-, Zielvereinbarungs-, Leistungs-, Entwicklungs-, Abmahnungs- und Kündigungsgesprächen benötigen Trainer neben anderen Fähigkeiten auch Kommunikations- und Besprechungskompetenz. Das vorliegende Arbeitsbuch soll Trainern, Sportlehrern oder Betreuern eines Teams ein praktischer Leitfaden auf dem Weg zu einem guten Kommunikator sein. Ich gebe Ihnen darin meine Erfahrungen als Sportpsychologe, Coach und Unternehmer weiter und arbeite für Sie die wesentlichen Themen für ein erfolgreiches Besprechungs- und Kommunikationsmanagement auf. Sie erhalten in diesem Buch viele der in der Praxis erprobten und bewährten Instrumente, Checklisten, Vorgehensweisen und Tipps.

Ich bedanke mich an dieser Stelle bei meinen Klienten und Seminarteilnehmern. Sie halfen mir mit ihrer Praxiserfahrung und Offenheit dieses Buch aus der Praxis für die Praxis zu schreiben.

Inhaltsverzeichnis

Einleitung

"Führung ist Vorbild geben" (A. Schweitzer)

Als Trainer eines Sport-Teams sind Sie dafür verantwortlich und haben sich zum Ziel gesetzt Ihr Team zu Spitzenleistungen zu führen. Sie spielen selbst nicht aktiv im Spiel mit, sondern steuern mit taktischen Anweisungen vom Spielfeldrand den Spielverlauf. Sie geben konkretes Feedback mit dem Ziel, den Erfolg des Spiels sicher zu stellen. Im Wesentlichen kann das Aufgabengebiet des Trainers in drei Bereiche eingekreist werden: Taktik und Physis, Sozialkompetenz und Kommunikation. Ein Trainer muss, ausgehend von den Stärken und Schwächen der einzelnen Mitglieder des Teams...

- für die richtige **Kondition** sorgen durch Training und Betreuung
- jeden Spieler in die richtige **Spielrolle** hinein führen.
- das Zusammenspiel so organisieren, dass jeder Spieler die **Regeln** kennt und seine Chancen und Grenzen beherrscht, so dass das Spiel erfolgreich verläuft.
- **taktische Spielzüge** einüben, mit denen Gegner besiegt werden können.
- die Mannschaft mental auf das nächste Spiel einstellen und **motivieren**.
- **Feedback** geben über gelungene Spielzüge (Anerkennung) und über suboptimale Prozesse, in denen es besser laufen muss als bisher (Kritik und Optionen).
- fähige Nachwuchs-Spieler **rekrutieren** und ins Team integrieren.
- erkennen, wie die **Konkurrenten** ihr Spiel aufbauen.

Sie sind auch verantwortlich für die Atmosphäre in der Mannschaft - ein entscheidender Faktor. Wie freundlich oder wie schroff ist der Umgang untereinander, im Match, im Training, in der Kabine? Soziale Kompetenz heisst immer Nähe. Wie lange soll der Trainer einem frustrierten Spieler zuhören, der sich über sein Reservistendasein beklagt? Schlüpft er in die Rolle des Eheberaters, wenn die Beziehung seines Verteidigers vor dem Aus steht? Der Trainer muss ein Vertrauen zum einzelnen Athleten aufbauen, er muss aber auch gleichzeitig den Geist der Gruppe hinter sich vereinen, sonst hat er auf Dauer keine Chance. Ebenso verantwortlich ist der Trainer für die Hierarchie. Die meisten bestimmen ihren Kapitän selbst, andere lassen ihn von der Mannschaft wählen. Beides kann zielführend sein. Der gute Trainer redet mit jedem Spieler, aber nur in ausgewählten Momenten und in richtigem Tonfall. Er zeigt ihm, wo er teamintern steht und führt ihn auf den Weg. Grundsätzlich gilt: Die heutige Sportlergeneration ist anspruchsvoller geworden. Sie will vom Trainer eine plausible Erklärung, wenn sie nicht aufgestellt wird. Sie will wissen, warum sie nach links auf den Flügel oder rechts nach hinten laufen muss; sie ist aber auch viel besser auf den Profisport vorbereitet als früher. Sie weiss alles über den Gegner, sie hat die Konkurrenz schon mal im Fernsehen oder im Internet gesehen und verinnerlicht, was diese auszeichnet. Der Kommunikation kommt somit eine Schlüsselrolle zu, sowohl in der Innen- wie in der Aussendarstellung.

Fühlen sich Spieler in Veränderungsprozessen schlecht informiert, nicht gefragt, von den Veränderungen überrollt führt dies zu Unsicherheit. Zu der sich ein lähmendes Gefühl von Ohnmacht gesellt. Mit der Folge: Veränderungen werden nicht mehr als notwendige sportliche Anpassungsprozesse und damit als positiv besetzte Herausforderungen begriffen, sondern als Zwang, Belastung und Bedrohung empfunden. Die Bereitschaft, daran aktiv mitzuwirken, geht verloren. Die sich einstellende Distanz zum Club/Verein/Team wächst sich zu Unzufriedenheit und Austritt aus. Die innere Lossagung vom Team, dem Verein und seinen Zielen ist das Resultat eines langwierigen Prozesses vieler einzelner kleiner Nichtbeachtungs-, Zurücksetzungs- und/oder

Zurückweisungserlebnisse. Bei dem einen früher, dem anderen später geht es dann nicht mehr. Das Empfinden massiver Frustration gewinnt so die Überhand. Ein Fiasko für die teamspezifische Leistungskraft, die Vereinsattraktivität, die notwendige Fanbindung und damit die Wettbewerbskraft.

Wie ist dieser Gang der Dinge zu vermeiden? Eines der wirksamsten Gegenmittel ist eine funktionierende teaminterne Dialogkultur. Das heisst, mit den Teammitgliedern tatsächlich im Gespräch zu bleiben. In Ihnen nicht nur Mitspieler, sondern Mitgestalter zu sehen. Und entsprechend mit ihnen umzugehen. Verhaltenswirksamster Ausdruck dieser Einstellung, ist die Spieler nach ihrer Meinung zu fragen. Ihr Wissen, ihre Erfahrung, ihre Detailkenntnis in die taktische Entscheidungsvorbereitung , -umsetzung und -nachbearbeitung einzubinden. Ein effektives Kommunikations- und Besprechungsmanagement stellt dabei einen Schlüsselfaktor dar, um den persönlichen Erfolg einer Führungskraft wie den Vereinserfolg in einem sich permanent veränderndem sportlichen Umfeld zu gewährleisten. Um hier dauerhaft erfolgreich sein zu können, sind ausgezeichnete soziale und personale Kompetenzen unverzichtbar. Die Schlüsselrolle spielen dabei die Trainer, insbesondere die Chef-Trainer. In Ihnen müssen die Athleten Vertrauenspersonen sehen. Massgebend dafür ist vor allem die Tatsache, dass Kommunikation Menschen nicht nur über den Verstand anspricht, sondern vor allem auch über die für die Motivation und damit die Leistungswilligkeit so wichtige Gefühlsebene. Eben über Ihr Selbstwertgefühl. Die Art und Weise, wie die Teammitglieder unmittelbar angesprochen werden, wie sie mit ihren Anliegen, Meinungen, Vorschlägen und auch Wünschen Gehör finden, wie sie informiert und mit ihrem je spezifischen Wissen und Können nicht nur leistend, sondern insbesondere auch beratend in das Geschehen einbezogen werden, all das ist für das Selbstwertempfinden von entscheidender Bedeutung. Durch die Berücksichtigung elementarer Bedürfnisse der Spieler lassen sich somit das Engagement und die Eigeninitiative eines Teammitgliedes um ein Vielfaches erhöhen.

1. Kommunikationsmanagement

1.1. Was ist Kommunikation?

Kommunikation wird oft als der Austausch von Ideen oder sogar Gegenständen zwischen zwei Menschen definiert. Wir brauchen also zwei Menschen und eine Idee oder irgend etwas, das durch die Kommunikation übermittelt werden soll. Nun wollen wir sehen, was wir sonst noch brauchen:

Als erstes müssen wir eine Person haben, die die Kommunikation beginnt. Wir bezeichnen sie als den Ursachenpunkt, weil sie den Beginn der Kommunikation verursacht. Die andere Person empfängt die Kommunikation; wir bezeichnen sie also als Empfangspunkt.

Gehen wir zurück zum Ursachenpunkt; wir wissen, dass er die Absicht haben muss, den anderen zu erreichen, wenn er seine Idee hinüberbringen will - also setzen wir Absicht auf seine Seite dazu. Er muss auch eine gewisse Aufmerksamkeit auf die andere Person richten, um zu sehen, ob diese bereit ist, angesprochen zu werden - also haben wir hier auch "Aufmerksamkeit". Um die Mitteilung empfangen zu können, muss der Empfangspunkt seine Aufmerksamkeit auf den Absender richten - er hat also ebenfalls "Aufmerksamkeit".

Es gibt dabei noch einen weiteren Faktor, der erforderlich ist, damit eine gute Kommunikation zustande kommt. Sehen wir uns folgendes Beispiel an: Ein Feldherr schickte von der Front eine

Mitteilung an das Hauptquartier. Die Nachricht hiess: "Schickt Nachschubtruppen. Wir werden angreifen". Aber die Nachricht musste von der Front aus mündlich weitergeleitet werden, und als sie schliesslich im Hauptquartier angekommen war, lautete sie: "Schickt Nachtklubpuppen mit gelben Armreifen". Welches war der fehlende Faktor, durch den diese Kommunikation unzulänglich wurde? Duplikation. Die Nachricht wurde von jeder Person, die sie erhielt, nicht genau kopiert. An diesem Punkt bricht die meiste Kommunikation zusammen. Weil wir die Aufmerksamkeit der Person nicht erhielten oder weil unsere eigene Absicht, unsere Idee mitzuteilen, nicht stark genug war, wird die Idee nicht dupliziert und wird nicht in der Weise empfangen, die wir beabsichtigt hatten, und so entstehen Missverständnisse.

Somit ergibt sich aus unserem Schema die Kommunikationsformel. Sie lautet: URSACHE - ENTFERNUNG - WIRKUNG mit ABSICHT, AUFMERKSAMKEIT und DUPLIKATION mit VERSTEHEN.

Hans ist Ursache und Franz ist Wirkung. Zwischen ihnen ist eine Entfernung. Hans richtet seine Aufmerksamkeit auf Franz und erhält die Aufmerksamkeit von Franz. Mit Absicht bringt Hans seine Mitteilung hinüber zu Franz, der seinerseits die Absicht hat, sie zu duplizieren, und sie auch tatsächlich dupliziert. Auf diese Weise wird eine Idee von einer Person zu einer anderen hinübergebracht. So spricht man, und so hört man zu.

So betreibt man Kommunikation

Wenn zwei Personen sich in guter Kommunikation befinden, sendet A seine Idee hinüber zu B, der sie empfängt; dann sendet B seine Entgegnung oder Antwort an A, der sie empfängt. Was tut dann A? Meistens nichts. Hier fehlt ein Glied, dass in einer guten Kommunikation vorhanden sein sollte. Was da fehlt ist eine Bestätigung.

Was ist eine Bestätigung? Sie ist das, wodurch Sie jemanden wissen lassen, dass Sie seine Antwort erhalten haben. Das kann ein Kopfnicken oder ein Lächeln sein, ein "Danke" oder ein "in Ordnung". Es bedeutet einfach, den anderen wissen zu lassen, dass Sie seine Mitteilung empfangen haben. Wenn ich Sie nach der Zeit fragen würde und Sie mir die Antwort gäben: "Es ist neun Uhr", wie könnten Sie wissen, dass ich Ihre Antwort verstanden habe, wenn ich Ihnen keinerlei Bestätigung gäbe? Sie wüssten nicht, ob ich Sie gehört habe.

In unserer heutigen Gesellschaft wird die Bestätigung sehr häufig unterlassen, was die Ursache für viele Kommunikationsschwierigkeiten ist. Sie stossen auf Leute, die überhaupt nicht sprechen. Sie haben schon seit langem den Gedanken aufgegeben, dass ihnen je jemand zugehört hat, ihnen je zuhören wird oder zuhören will. Gleichermassen ist jemand, der immerfort spricht, völlig unsicher, dass ihn jemand gehört hat, und er versucht immer noch durchzudringen. Wenn solche Leute jemanden in ihrer Nähe hätten, der bestätigen könnte und sie wissen liesse, dass er ihnen zugehört hat, würden sie sich erholen.

Man wird es auch sehr leid, Dinge für jemanden zu tun, der niemals das, was man getan hat, bestätigt. Eine kleine Bestätigung richtet viel aus. Sie ist nicht unbedingt ein Lob - einfach ein Zeichen, dass jemand bemerkt hat, dass etwas ausgeführt wurde. Sie werden feststellen, dass die Leute in Ihrer Umgebung fröhlicher werden, wenn Sie ihre Bemühungen und ihre Kommunikation bestätigen und ihnen so ein Feedback, eine Rückmeldung geben.

"Ich sehe, Du hast den Rasen gemäht", "Danke, dass Du mein Hemd gebügelt hast" oder (zu einem Kind) "Danke, dass Du zu Bett gegangen bist, als ich es Dir gesagt habe". Wir sind nur allzu bereit, Fehler zu bemerken, zu beachten, dass etwas NICHT getan wurde, oder uns darüber zu beklagen, dass eine Frage nicht beantwortet wurde; wir sollten genauso bereit sein, diese Dinge zu bestätigen, wenn sie ausgeführt oder beantwortet wurden.

Wie wir gesehen haben, lautet die Formel für Kommunikation: Ursache, Entfernung, Wirkung, mit Aufmerksamkeit, Absicht und Duplikation.

Sehen wir uns das einmal genauer an:

KOMMUNIKATION IST DIE BETRACHTUNG UND HANDLUNG, EINEN IMPULS ODER EIN PARTIKEL VOM URSPRUNGSPUNKT ÜBER EINE ENTFERNUNG ZUM EMPFANGSPUNNKT ZU SCHICKEN, MIT DER ABISCHT, AM EMPFANGSPUNKT EINE DUPLIKATION UND EIN VERSTEHEN DESSEN ZU ERZEUGEN, WAS VOM URSPRUNGSPUNKT AUSGESANDT WURDE.

2. Probleme erkennen

2.1. Beziehungsprobleme beschreiben

Täglich gibt es Anlässe, sich über andere Menschen zu ärgern. Ob das eine bestimmte Verhaltensweise ist, ob das einfach bestimmte Aussagen sind oder ob das etwas schon sehr lange Störendes ist, ist egal. Wir machen den Fehler uns nur negativ über bestimmte, z.T. diffuse Dinge zu ärgern, ohne dass das ausgesprochen wird. Wir beschränken uns auf die Symptombeschreibung, ohne an die Ursachen zu gehen.

Die Wirkung ist klar: Wir jammern und lamentieren und gehen nicht daran, konkret die Ursachen zu verarbeiten. Nur mit Ärgern passiert noch gar nichts. Im Gegenteil: Ärger frisst die zur Veränderung notwendige Energie. Ärgern lähmt nur, tatsächlich etwas zu verändern. Vielleicht ist das Ärgern und Lamentieren auch nur die Entschuldigung, nichts zu tun.

Damit Sie selber auf die Handlungsebene kommen, brauchen Sie ein Werkzeug und eine differenzierte Beschreibung des Zustandes, der bei Ihnen Ärger auslöst.

Sie können selber auf die Handlungsebene kommen, indem Sie sich zuerst die Ursachen, die Wirkungen und die Gefühle, die diese Person bei Ihnen bewirkt verdeutlichen. Sie werden im Kopf freier, die Person bezüglich dieser Punkte anzusprechen.

Sie erhalten Klarheit über bestehende Beziehungsprobleme, wenn Sie sich selber gegenüber eine ehrliche und klare Diagnose durchführen.

Sie können Beziehungen klären und erleichtern, wenn sie den Beziehungsmüll wegräumen, z.B. indem Sie mit den betreffenden Personen über genau die Punkte sprechen, die Sie herausfanden. Sie können diese Personen bitten, Ihnen bei der Lösung zu helfen.

Der Versuch, eine bestehende Beziehung neu zu definieren, nennt man Manöver. Dies sind solche Verhaltensweisen, die die bisherige Beziehung verändern oder ihr einen neuen Akzent geben. Ein solches Manöver ist z.B. eine neugierige Frage, ein Befehl oder ein Kommentar über das Verhalten des Anderen. Sie können ein solches Manöver vorbereiten, wenn Sie zuerst für sich selber die Beziehungsprobleme definieren und klären. Die Vorbereitung entlastet Sie vom Stress, erst in einer Diskussion, Fakten zusammensuchen zu müssen.

Wie werden Beziehungsprobleme beschrieben?

Sie können das Instrument zur Standortbestimmung nutzen, indem Sie sich z.B. die folgenden Fragen beantworten:

- Sind meine Beziehungen von bestimmten negativen Personen dominiert?
- Lasse ich mich immer wieder von ganz bestimmten Personen ärgern, ohne dass ich konkret etwas verändere?
- Welches Verhalten von Personen stört mich grundsätzlich und nicht nur gelegentlich?
- Rauben mir bestimmte Personen immer wieder viel Zeit mit störendem Verhalten?
- Wenn ja, möchte ich daran etwas ändern?

Bitte nehmen Sie jetzt diejenigen Beziehungen, die einen negativen Einfluss auf Ihre Arbeit haben. Die Beziehungen können im Privatleben, wie auch im beruflichen Leben zu finden sein. Denken Sie einmal darüber nach:

- **Wer** ist es?
- **Was** genau ist **für Sie** am **Verhalten** dieser Person für Sie störend - was ist die Ursache?
- **Welche Wirkung hat dieses Verhalten** auf Sie und welche für Sie negativen Gefühle verursacht dieses Verhalten?
- **Wo** sehen Sie Handlungsbedarf?

Wie sieht eine Beschreibung der "Beziehungsprobleme" aus?

Wer?	***Was?*** (Ursachen im Verhalten)	***Welche Wirkung?*** (Folgen auf Sachebene, innere Gefühle)	***Was tun?*** (Handlung)

2.2. Das Verhalten

Bei Schwierigkeiten und Problemen meinen wir i.d.R. immer sofort, "wir müssen uns darum kümmern...", "...eine Lösung anbieten", "...zurückschiessen", "das stimmt so nicht". Wir machen uns aber sehr wenig Gedanken darüber, wer eigentlich der "Problembesitzer" genau ist. Wir machen uns wenig Gedanken darüber, ob wir bei jeder "lauten Äusserung", "komischen Formulierung", "Schweigen", "zu viel/zu wenig reden" wirklich reagieren sollen. Die Frage ist, soll ich mir jeden Schuh anziehen, den irgendwer hinstellt?

Wenn wir uns nämlich um alles kümmern wollen und alles als Problem ansehen, werden wir sehr schnell den Überblick verlieren. Wir kommen nicht mehr dazu, uns auf die Wesentlichsten Aufgaben zu konzentrieren. Es spart auf jeden Fall immer eine Menge Zeit, sich schnell über eine Problemzuordnung Gedanken zu machen.

Es gibt verschiedene Bereiche, die unterschieden werden können.

- **Ihr / Sein Problem: Wenn der Andere ein Problem hat, bedeutet das für ihn, dass er mit bestimmten Verhaltensweisen meinerseits oder auch Anderer nicht zurechtkommt.** Seine Bedürfnisse sind nicht befriedigt - aber mir kann das im Moment egal sein: Ich bin o.k. und gewinne - er/sie ist nicht o.k. und verliert.
- **Kein Problem:** meistens ist kein Problem vorhanden - Effektive Arbeitszeit und der grosse Bereich des konstruktiven Miteinanders. Das ist der Bereich, den es gilt zu vergrössern. Jeder gewinnt in dieser Situation.
- **Mein Problem: Wenn ich ein Problem habe, heisst das, dass das Verhalten des Anderen für mich nicht akzeptabel ist.** Meine Bedürfnisse sind nicht befriedigt, und ich will das dem Anderen mitteilen: Ich bin nicht o.k. und verliere - er/sie ist o.k. und gewinnt.

Wie wird die "Problemzuordnung" eingesetzt?

Die Problemzuordnung können Sie in Ihrem Alltag einsetzen. Hören Sie einfach den Spielern, Kollegen, sich selber und dem Partner einmal zu. "Wer besitzt das Problem?"

Die Problemzuordnung können Sie einsetzen bei:

- Sportlern/Spielern/Athleten
- Mitarbeitern
- in privaten Beziehungen
- bei Plaudereien unterwegs

Übung 1: Wem gehört das Problem eigentlich?

Ziel:
In dieser Übung entscheiden Sie, WEM das Problem gehört. Das Ziel ist, aufgrund verbaler und nichtverbaler Signale Entscheidungen zu treffen.

Ablauf:

- Stellen Sie sich als Angesprochener in den folgenden Situationen vor.
- Entscheiden Sie dann für sich selber, ob das Verhalten des Anderen für Sie ANNEHMBAR oder nicht annehmbar ist.
- Tragen Sie schliesslich die Nummer der Situation in das Kästchen ein, das die Situation nach Ihrem Gefühl nach wie vor am Besten beschreibt: Mein Problem (Ich verliere), sein Problem (sie/er verliert) oder überhaupt kein Problem (wir gewinnen).

Bitte beachten Sie: **Verhalten ist nur, was Sie mit Ihren fünf Sinnen wahrnehmen können - was Sie sehen, hören, riechen, schmecken oder sogar ertasten können.**

Die inneren Werte, die Einstellungen oder sogar Persönlichkeitszüge der anderen Person sind hier unwichtig.

Verschiedene Verhaltensweisen:

1. Einer Ihrer Spieler beklagt sich über zu viele Neuerungen und zu viele Aufgaben.
2. Die Regelungen für die Büroaufwendungen zu Hause werden für Sie ungünstiger geregelt.
3. Ein von Ihnen angeworbener neuer Spieler stellt sich nach 7 Monaten als Problemfall mit Partner- und Alkoholproblemen dar.
4. Eine schon etwas ältere Sekretärin ist eine sehr fröhliche Person. In den letzten Wochen ist Ihnen aber aufgefallen, dass sie nicht mehr so fröhlich ist. In einer Kaffeepause sagte sie sogar folgendes: "Man wird schon nachdenklich, wenn man sieht, wie man jetzt in der Reorganisation mit den alten verdienten Mitarbeitern so umgeht. Meine Freunde haben mir das zwar schon erzählt, aber dass es so ist, dachte ich nicht.
5. Ein Agenturbesuch war mit ca. einer Stunde Dauer geplant. Der Besuch dauert aber schon 2 Stunden und Sie hatten eigentlich bereits vor einer Viertelstunde einen anderen und nicht so wichtigen Termin.

6. Sie sitzen konzentriert an einer wichtigen Aufgabe. Vor Ihrer Zimmertüre unterhalten sich einige Teammitglieder recht lustig.
7. Die Post kommt jeden Morgen zu einer bestimmten Zeit. Sie haben Ihre Planung darauf ausgerichtet. Jetzt wechselte der interne Ablauf und die Post kommt immer unregelmässig.
8. Sie sind am Abend (nach 18:00 Uhr!!!) bei der Vorbereitung von Unterlagen für eine Präsentation. Beim Kopieren fällt plötzlich der Kopierer aus, zeigt einen nicht zu behebenden Fehler und Sie haben keinen Zugriff auf einen anderen.
9. Während einer schon lange andauernden Besprechung bringt einer der Anwesenden am Ende einen bereits diskutierten Punkt auf.
10. Sie stellen zufällig fest, dass Sie die nächsten vier Wochen keinen freien Abend mehr haben.
11. Ihr Partner / Ihre Partnerin signalisiert, dass er / sie wieder einmal gerne mit Ihnen einen Abend verbringen möchte.
12. Sie arbeiten an der Vorbereitung einer wichtigen Unterlage. Zufällig ist die Telefonanlage gestört und Sie werden immer wieder von irrläufigen Telefonanrufen bei Ihrer Arbeit unterbrochen. Schliesslich ruft Sie ein Kollege an und sagt: "Könntest Du mir bitte zwei private Nummern suchen? Vielleicht könntest Du mir auch noch..."
13. Ein Vorgesetzter ruft Sie wiederholt an und beklagt sich bei Ihnen über schleppende Bearbeitungszeiten.
14. Sie werden von einem Wissenschaftler eines Instituts angerufen: Mein Name ist Huber und ich bin Mitarbeiter am Projekt: "Arbeitszufriedenheit im Team". Dieses Projekt wird vom Schweizerischen Nationalfonds finanziert. Ich hätte gerne telefonisch mit Ihnen einen Fragebogen durchgesprochen. Wären Sie dazu bereit? Wären Sie bereit einige Fragen zu beantworten?"
15. Nach Erledigung des Telefongesprächs bekommen Sie überraschend den gleichen Fragebogen zu diesem Projekt mit der Bitte zur Erledigung zugeschickt.
16. Sie vergeben Teilaufgaben innerhalb des Teams. Plötzlich sagt einer der Teammitglieder: "Immer bekomme ich die Problem-Aufgaben zugeschoben!"
17. Sie sind Projektleiter für ein spezielles Projekt in Ihrem Verein. Ein Projektmitarbeiter fragt Sie, wie er die Ablage der Unterlagen sortieren soll: alphabetisch oder nach Thema.
18. Dieser kommt wiederholt mit Fragen, die Sie ihm schon einmal beantworteten.
19. Sie sollen sicherstellen, dass Sie eine optimale Umsetzung des in diesem Kapitel Erarbeiteten erzielen.
20. Bei der Umsetzung haben Sie die Aufgabe, sich mit Ihrem Vorgesetzten auseinanderzusetzen. Er hat im Moment jedoch andere Prioritäten (keine Zeit gilt nicht!).
21. Die Verträge mit Spielern werden geändert.
22. Die Konkurrenz wird entgegen allen Erwartungen im Herbst schwächer.

Übung 2: Ganz normale Hilfsreaktionen

Ziel:
In dieser Übung stellen Sie fest, wie Sie reagieren, wenn jemand mit einem Problem auf Sie zukommt: Was genau senden Sie für Signale, wenn Sie jemandem helfen?

Ablauf:

- Stellen Sie sich als Angesprochener in für Sie spezifischen Situationen vor.
- Was sagen Sie, was tun Sie, wenn Sie von diesen Personen angesprochen werden?

- Wie werden Sie dieser Person helfen?
- Schreiben Sie Ihre Antworten kurz auf.

-

-

-

-

-

-

2.3. Problemsignale identifizieren - Persönliche Checkliste

Was sind die Problemsignale und was bedeuten diese für mich?

Jeder Mensch schickt klare Signale, wenn er sich im Problembereich befindet. Wer oben auf der Palme sitzt und das Verhalten der Anderen nicht annehmen kann, signalisiert das. Diese Problemsignale sind verbaler und nicht-verbaler Art. Diese Problemsignale zeigen dem Gesprächspartner: Achtung! Ich bin im Problembereich und will an- und ernst genommen werden! Ich will, dass Du Dich um meine Probleme kümmerst!

Individuell sind die Problemsignale selber: mehr verbal, mehr nichtverbal oder wenig von beiden sind Möglichkeiten. Es gibt hier kein eindeutiges Raster und keinen klaren Leitfaden, der sagt: bei Verhaltensweise X hat die Person Y das Problem Z. Gerade weil die Individualität hier voll zum Tragen kommt, bedeutet das sehr schnell die Problemsignale der Gesprächspartner zu identifizieren. Je schneller, klarer und eindeutiger Sie Signale wahrnehmen, desto bewusster können Sie auf diese reagieren.

Problemsignale bedeuten für Sie selber die Notwendigkeit für eine Entscheidung: Reagieren oder nicht reagieren. Wenn Sie nicht reagieren, riskieren Sie den Verlust von Informationen. Es bedeutet aber manchmal auch, dass die negativen emotionalen Reaktionen Ihnen gegenüber grösser werden. Es hängt dann von der Qualität der Beziehung ab, ob dies o.k. ist. Es wird aber über viele solcher Ereignisse sicher zu einer Beziehungsstörung kommen. Zu Recht: Sie ignorieren ja die Person und nehmen Sie nicht an.

Wo wende ich "Problemsignale" als Hilfsmittel an?

- Sie schärfen Ihre eigene Wahrnehmung von Problemsignalen, die Sie selber senden. Bei Problemdiskussionen schätzen Sie sich selber ein und achten darauf, ob und welche Signale Sie abgegeben haben. Wenn Sie Klarheit über die Art Ihrer Problemsignale haben, können Sie einschätzen, ob Sie diese auch in dieser Form senden wollen. Die Kenntnis der eigenen Problemsignale hilft, diese gezielter einzusetzen oder abzumildern.

- Sie holen sich Feedback von einer vertrauten Person und bitten sie Ihnen zu sagen, welche Signale Sie abgeben. Sie nutzen dann die Checkliste zur persönlichen Standortbestimmung. Sie können nach Problemdiskussionen für sich Bilanz ziehen, welche Signale Sie klar erkannt haben und welche Sie ignorieren. Sie schärfen somit die Wahrnehmung von sich selbst und können schneller "konfrontativer" oder "moderierender" wirken.
- Sie hören und achten auf Signale, wenn Sie andere Menschen in einer Problemsituation erleben. Die Problemsignale anderer zu kennen bedeutet, selber nicht spontan ein Opfer von solchen zu werden. Wenn Sie Problemsignale bewusst wahrnehmen, verschaffen Sie sich Handlungsfreiheit in der Reaktion auf solche.
- Erinnern Sie sich zum leichteren Vorgehen auch an ein Erlebnis, wo Sie dachten: "Was ist denn mit dem/der los?" Welche Signale nahmen Sie wahr? Welche Verhaltensweisen fielen Ihnen auf? Überlegen Sie sich: Wie nehme ich wahr, wenn sich jemand ärgert, wenn jemand traurig ist, wenn jemand unzufrieden ist? Welche Verhaltensweisen fallen mir besonders auf? Was ärgert mich, macht mich traurig oder stoppt/fördert mich beim Sprechen immer wieder?"

Wie sehen Problemsignale aus?

Verhaltensweisen	**Ja**
1. Beziehungsebene	
• abwehrende, desinteressierte Körpersprache, wie z.B. "wegwerfende" Gesten oder abgewandte Körperhaltung	☐
• resignative Grundhaltung nach dem Motto: "Das klappt ja doch nicht", "Ist mir sowieso egal".	☐
• mimische Reaktionen, wie z.B. Stirnrunzeln, mitleidiges Lächeln, Augenbrauen hochziehen	☐
• stereotype, "gezwungene" Freundlichkeit	☐
• sich hinter Anderen verstecken, Andere vorschieben	☐
• gestelzte, künstlich wirkende, abstrakte Sprache	☐
• Vermeidung von Kontakt und Auseinandersetzung	☐
2. Aufgabenverhalten	
• übertriebene, nach aussen getragene Sachlichkeit, Verbergen der eigenen Empfindungen	☐

- feindselige "Seitenhiebe", wie Sticheln, Sarkasmus, "spitze Bemerkungen", Ironisierungen, usw. ☐

- Rückgang von kreativen Beiträgen ☐

- Sturheit, Dienst nach Vorschrift, Berufung auf allgemeine Richtlinien / Regeln oder Vorgesetzte ☐

3. Kommunikationsblockaden

Wenn sich Ihnen eine Person mitteilt - mit einem Problem zu Ihnen kommt - werden Sie ihm/ihr in der Regel mit Hilfe bestimmter Formulierungen helfen wollen. Sie werden einen Ratschlag oder Hinweise geben oder mit Hilfe gezielter Fragen das Problem selber verstehen wollen. Diese Hilfe mit bestimmten Formulierungen wird mehr schaden als nützen, wie Sie im folgenden gleich feststellen werden.

Die Formulierungen blockieren den Kommunikationsfluss Ihres Gegenübers. Beim mit dem Problem Behafteten lösen diese Kommunikationsblockaden Rechtfertigung, Verteidigung, Wiederstand, Wut und Abneigung aus. Die Blockaden verhindern, dass der Partner nicht weiter bereit ist, sich mitzuteilen. Auch führen solche Sperren dazu, dass der Andere nicht seine Lösung selber finden kann.

Untersuchungen zeigen z.B., dass Kommunikationsblockaden in weit über 90% der Zeit in die laufende Unterhaltung eingebracht werden - genau dann, wenn einer der Gesprächspartner ein Problem hat.

Kommunikationsblockaden selbst sind Reaktionen mit hohem Risiko, d.h. der Einfluss auf den Kommunikationsverlauf ist mehrheitlich negativ. Dies gilt insbesondere, wenn einer der beiden Kommunikationspartner unter Stress steht.

Ein wichtiger Gedanke sei hier noch ausgesprochen: Vielfach ist es so, dass die Kommunikationsblockaden nicht in ihrer Reinform, sondern in Mischformen vorkommen. Eine Drohung kann beispielsweise sehr gut mit einer moralisierenden Bemerkung verbunden sein.

Wie wird mit Kommunikationsblockaden umgegangen?

Vermeiden der Kommunikationsblockaden nützt nichts! Es gilt, sich evtl. auf eine Blockade zu konzentrieren und an dieser zu arbeiten - sie in konstruktive Kommentare zu wandeln.
Jedes Mal, wenn eine Person Problemsignale sendet, überlegen Sie sich: **Will ich blockieren?**

Ja: Dann tun Sie es auch bewusst!
Nein: Setzen Sie die Techniken ein, die Sie später noch kennen lernen werden.

WIE sehen diese Kommunikationsblockaden aus?

- **"Kritisieren", "Urteilen", "Vorwürfe machen", "Wiedersprechen":** "Wie können Sie nur wegen solch einer Lappalie so ein Theater machen." - "Sie machen immer wieder den gleichen Fehler." - "Das hätten Sie sich doch denken können." - "Das war dumm von Ihnen." - "Das ist typisch!" - "Du siehst das falsch!"

Diese Kommunikationsblockade bedeutet für den Betreffenden, dass seine Absichten und Handlungen einfach Mist sind. Als Urteilender stelle ich mich eine Stufe höher und sage, dass ich mehr Recht habe als der Ratsuchende. Ich verneine sein Recht, seinen eigenen Weg zu gehen. Diese Kommunikationsblockade lässt den Betreffenden mehr als viele Andere sich schlecht, unterlegen, unfähig oder einfach dumm fühlen. Vielfach reagieren die Angesprochenen dann defensiv: niemand möchte schliesslich Negatives nachgesagt bekommen und niemand wird gerne wiederholt solche Aussagen hören wollen. Eine defensive Reaktion besteht darin, mit Gegenvorwürfen zu reagieren.

Werden diese Kommunikationsblockaden vor einer Gruppe eingesetzt, dann übernimmt die Gruppe diese wertenden Aussagen natürlich. Der Beurteilte und Kritisierte fängt schliesslich auch noch an sich selber zu zweifeln an und wird in seiner eigenen Problemlösungsfähigkeit geschwächt. Selbstzweifel ist wie schleichendes Nervengift - das ist bekannt. Der Be- und Verurteilte traut sich weniger zu und sucht Bestätigungen in weniger wichtigen Handlungen: Er bringt mehr Zeit und Energie damit zu, etwas Negatives zu verhindern als Positiv nach vorne zu denken und zu handeln.

Zusammenfassend: "Kritisieren", "Urteilen", "lächerlich machen" bremsen den mit einem Problem zu mir Kommenden ab, sich mir noch mehr mitzuteilen. Erinnern Sie sich an die Aussage: "Derjenige ohne Fehler, werfe den ersten Stein" und "Wer im Glashaus sitzt, soll nicht mit Steinen werfen"!

- **"Namen austeilen", "Beschämen", "lächerlich machen"** bedeutet einfach den Anderen mit einer "Aufschrift" zu versehen und ihn damit mit Absicht zu beschämen und lächerlich zu machen: - "Blödmann!" - "Sie sind halt eine altes Gewohnheitstier!" - "Sie haben sie wohl nicht alle!" - "Wer hat das denn schon wieder gemacht?" - "Wer hat denn Sie eingestellt?".

Der Sprecher zielt mit diesen Aufschriften und dieser Kommunikationsblockade in das Herz des Angesprochenen. Der Sperrende zielt direkt auf das Selbstwertgefühl und lässt den Anderen sich wertlos fühlen - schlecht - unterlegen. Solche Aussagen sind nur negative Energie und wirken meistens verheerend auf die Beziehung. Der dadurch mit Absicht zum Verlierer gemachte wird in der Regel ebenfalls reagieren, wenn er keine Strafmassnahmen befürchten muss. Er wird mit gleicher Münze zurückzahlen: - "Selber..." - "Sie müssen es ja wissen!" - "Sie haben wohl vergessen, dass...". Das sind Verhaltensweisen, wie sie Kinder schon beim Streiten einsetzen.

Zusammenfassend: "Namen austeilen", "Beschämen" und "lächerlich machen" würdigt den Anderen herab - was diesen in seiner ganzen Integrität herausfordert. Wenn er keine innere Stärke hat, wird er mit den genau gleichen Methoden kämpfen - ein Kampf der langfristig nur Verlierer zurücklässt.

- **Loben, Zustimmen, Mir-auch-Egotrips:** - "Genau!" - "Das Gleiche ist mir vor 2 Tagen/Wochen/Jahren passiert! Sie müssen jetzt einfach einmal..." - "So geht es mir auch immer!" - "Das haben Sie gut gemacht" - "Sie haben recht!".

Loben ist "positives Urteilen" über Einstellungen oder Handlungen des Anderen - es sind also die positiven Versionen der Kommunikationsblockade Kritisieren/Urteilen. Vielen erscheint es absurd, dass Loben eine Kommunikationsblockade sein kann. Stellen Sie sich dazu aber einfach vor, Sie hätten ein Problem zu lösen, welches Ihnen zu schaffen macht. Sie wenden sich an einen Vertrauten und der antwortet Ihnen: - "Das schaffst Du doch genau so gut wie das Vorige. Ich habe überhaupt keine Zweifel an Deinen Fähigkeiten". Würden Sie als Betroffener wirklich genug Mut haben, sich dieser Person weiter mitzuteilen oder denken Sie sich: "Warum hört mir der verdammte Kerl nicht einfach einmal zu. Ich möchte einfach einmal darüber reden." Oder: - "Wenn er so von mir denkt, dann darf ich ihn nicht enttäuschen. Ich muss das selber lösen. Er hat vielleicht doch recht." Aber: Hätte der Andere vielleicht nicht doch noch den entscheidenden Tipp geben können?

Es ist ärgerlich für einen Rat Suchenden, wenn bei der ersten Atempause der bisher Zuhörende einfällt - "Genau, ...". Das würgt den um Rat Suchenden doch glatt ab! Manchmal erfolgt dann noch ein zweiter etwas ärgerlicher Versuch, den sich selber auf einen "Mir-auch-Egotrip" befindenden zu bremsen - meistens jedoch vergebens. Zurück bleibt ein frustrierter und vielleicht noch abwesend nickender Problemsender. Der so Behandelte hat das Gefühl, einfach nicht ernst genommen zu werden.

Zusammenfassend: Loben, Zustimmen, Mir-auch-Egotrips als Kommunikationsblockade eingesetzt, bremsen einen Ratsuchenden aus. Er wird sich nicht weiter mitteilen: Offensichtlich wird alles positiv gesehen und der Blockierer interessiert sich mehr für sich selber als für die Probleme des sich Öffnenden - der Ratsuchende fühlt sich einfach nicht ernst genommen.

- **Diagnostizieren, Analysieren und Interpretieren** bedeutet die Ursachen für das Verhalten zu kommentieren. - "Das ist, weil Sie..." - "Nur weil Sie die höhere Stellung haben, denken Sie..." - "Was Sie wirklich sagen, ist...".

Diese Kommunikationsblockade - bei der einer sich mitteilenden Person die Gründe oder Ursachen für ihre Probleme dargestellt werden - wird verunsichernd und Ärger provozierend wirken. Wenn eine Person das Gefühl bekommt, der Andere will immer wieder psychoanalysierend noch tiefere Hintergründe suchen, wird sie sich verunsichert zurückziehen: Keiner lässt sich gerne in die Seele sehen - ob das jetzt richtig oder falsch ist, was der Diagnostizierende sagt, ist egal. In der Regel ist es auch so, dass Interpretationen, Analysen und Diagnosen, bei denen nicht alle Sachverhalte erläutert wurden, nur unvollständig sein können. Gleichzeitig ärgert es einen Ratschlag Suchenden natürlich, wenn er noch nicht einmal alles gesagt hat, was ihm wichtig ist und ich als Antwortender weiss schon alle Hintergründe. Diese gutgemeinte Kommunikationsblockade sperrt den Problemsender. Die Reaktion des Betroffenen ist prompt: - "Er weiss einfach immer Antworten, obwohl er nicht mal richtig zuhört!" - "Was masst der sich an, über mich so Bescheid zu wissen?".

Zusammenfassend: Diagnostizieren, Analysieren und Interpretieren als Kommunikationsblockade liefert dem mit einem Problem Behafteten schnelle und in der Regel falsche Antworten auf Fragen, die er noch gar nicht fertig durchdacht hat - denn sonst würde der Fragende sich ja gar nicht seines Problems wegen äussern.

- **Befehlen, Anweisen, Dirigieren:** "Denken Sie nicht lange nach, fangen Sie an." - "Fragen Sie nicht lange." - "Sie müssen..." - "Du wirst sofort..." - "Woher soll ich das wissen, kümmere dich selber drum!" - "Ich will jetzt nicht lange diskutieren, machen Sie einfach 1. ..., 2. ..., 3. ...!" - "Alles schön und gut, aber Sie fangen jetzt sofort mit den Bestellungen an!" - "Ich will jetzt nicht lange diskutieren, dazu habe ich keine Zeit!" - "Nicht lange herum machen jetzt. Dort liegt der Auftrag!"

Unter echten Partnern kommen solche Formulierungen sehr selten vor und wenn, dass nur in Notsituationen, wo es schnell gehen muss - und da sind es keine Kommunikationsblockaden. Befehlende und dirigierende Antworten kennzeichnen eine Ein-Weg-Kommunikation. Wenn beispielsweise ein Teammitglied mit einem Problem zum Trainer kommt und eine konstruktive Antwort erwartet, weckt diese Blockade sofort Widerstand beim Ratsuchenden. Der Widerstand ist um so grösser, je grösser die Bedürfnisse des Ratsuchenden sind. Wenn solche Befehle vor Anderen ausgesprochen werden, ist das oftmals auch noch peinlich.

Zusammenfassend: Befehlen, Anweisen, Dirigieren weisen den Ratsuchenden sehr schnell zurück - machen ihn zum Verlierer und wecken Rache- und andere schlechten Gefühle in ihm.

- **Drohen, warnen, versprechen:** "Wenn Sie nicht sofort damit aufhören, dann werde ich mich mit Ihrem Vorgesetzten in Verbindung setzen" - "Besser wäre es, wenn Sie meine Empfehlungen von gestern wirklich Folge leisten. Ich weiss sonst nicht, ob ich für die Reaktion meiner Teammitglieder Garantie übernehmen kann" - "Wenn Sie nicht sofort diesen Auftrag erledigen, dann werde ich ein Memo mit z.K. an alle höheren Stellen senden!" - "Wissen Sie, wir sitzen hier doch alle im gleichen Boot. Wenn Sie mir einen Gefallen tun, dann helfe ich Ihnen."

Drohungen und einschüchternde Formulierungen warnen den Anderen vor Handlungen, die negative Konsequenzen für ihn selber provozieren: klare Kommunikationsblockaden.
Natürlich sind Drohungen u.ä. eine schlecht verpackte Form von Anweisungen - der negative Machteinsatz wird einfach für die Zukunft in Aussicht gestellt. Das Gefühl der Frustration und Hilflosigkeit wird im Ratsuchenden geweckt und damit natürlich die des Widerstandes. Das bedeutet langfristig nichts Anderes, als dass viel Energie in etwas Negatives gesteckt wird: Vermeiden von Strafen und Suchen von kleinen Fehlern beim Anderen - wo kann ich ihm am leichtesten schaden.

Zusammenfassend: Drohen, warnen und falsche Versprechungen sind für eine mit einem Problem behaftete Person Kommunikationsblockaden. Sie bewirken, dass derjenige, der sich nicht ok fühlt - Verlierer ist - sich entweder sehr schnell zurückzieht und resigniert oder dass er einen stillen Kampf gegen den Warnenden, Versprechenden oder Drohenden gegenüber führt - viel Energie wird in negative Aktivität gesteckt.

- **Moralisieren und Predigen:** Der anderen Person zu sagen, WAS das Beste für sie zu tun, zu lassen oder zu denken ist: "Sie müssten eigentlich wissen, dass das Präsidium...", "Siehst Du, jetzt hast Du den Salat. Du hättest damals doch das machen sollen, was Dir Dr. Bienlein sagte".

Beim Moralisieren beruft sich der Sprechende auf eine "unabhängige Instanz", d.h. auf einen anderen Chef, Trainer, Präsident, ein Gremium oder auf sich selber als jemand, "der das schon vorher wusste". Ganz sicher signalisiert diese Kommunikationsblockade mangelndes Vertrauen in die

Problemlösefähigkeit der blockierten Person. Moralisieren ist auch das Ausnutzen einer schwächeren Position des Anderen. Der Ratsuchende fühlt sich schon verletzlich genug, wenn er Rat sucht, und der Moralisierende und Predigende spürt genau diese Verletzlichkeit und zielt auf sie. Das Ziel ist, diese Person sich noch schuldiger und schlechter fühlen zu lassen. Ein solches post-hoc Signal kommt auch dann oft vor, wenn der Betreffende nicht in der gewünschten Weise reagiert hat. Wenn der Moralisierende sich nicht genügend durchgesetzt hat, sucht er natürlich die Retourkutsche. Die Gegenreaktion des so zum Schuldigen gestempelten ist dann wiederum mit passivem Widerstand (selber Kommunikationsblockaden einsetzen, wenn der Andere ein Problem hat) oder Manipulation seinen eigenen Willen verspätet durchzusetzen.

Zusammenfassend: Moralisieren und Predigen drücken den Fragenden in eine unterlegene Position. Er ist schon geschwächt, weil er ein Problem hat und als Befragter drücke ich ihm dieses Problem noch mal mit aller Kraft auf sein Fragendes Auge. Klar ist, dass der Fragende dann zurückschreckt und sich zurückzieht. Er wird ja vom Moralisierenden nicht angenommen und erhält keine Chance, seine unsicheren Gedanken zu festigen.

- **Ausfragen, Hinterfragen und untersuchende Fragen:** "Warum haben Sie das so gemacht?", "Wie sind Sie erst auf dieses Problem gestossen?", "Wieso kümmert Sie das?", "Was haben Sie damit zu tun?", "Wie war das?", "Was?", "Wer?", "Wo?", "Wann?", "Wieso?", "Womit?", "Wodurch?", "Mit wem?" bedeutet kurze Fragen zum Thema zu stellen.

Die Antworten sind wohl für denn Fragenden wichtig, aber nicht für den mit einem Problem behafteten: eindeutiges Ablenken und damit Kommunikationsblockaden. Ausfragen und Hinterfragen weckt im Betroffenen das Gefühl, dass er sich jetzt verteidigen muss. Er muss rechtfertigen, wie er überhaupt zu diesem Problem steht, bevor ihm selber die Zusammenhänge klar sind. Der Betroffene wird gezwungen "sein Gefühl" zu rechtfertigen. Das stellt den Betroffenen natürlich in eine unterlegene Position: Der Fragende bewertet die Gefühle als richtig/falsch. Der Betroffene steht dann im Zeugenstand und muss sich rechtfertigen. Selbstredend, dass der Betroffene auf die Blockade defensiv reagiert und sich je nach Charakter lauter oder leiser aus der Situation zieht. Der Hinterfragende signalisiert, dass er kein Interesse daran hat, sich den "vom Hinterfragten" gewohnten Sprachstil anzuhören: Der Gefragte soll sich gefälligst so ausdrücken, wie der Fragende es gerne hätte. Das lässt den Fragenden natürlich sehr vorsichtig in seinen Formulierungen werden und dementsprechend verringert sich die Kommunikation. Bei Angst oder Vorsicht wird weniger qualitativ und quantitativ geredet.

Zusammenfassend: Ausfragen, Hinterfragen und untersuchende Fragen bewirken beim Problembesitzer einen Stop in der Suche nach eigenen Lösungen. Er sucht zuerst den Fragen des Gesprächspartners gerecht zu werden und kommt dann natürlich von seinen eigenen noch unscharfen Lösungsmöglichkeiten weg. Der Problembesitzer wird von eigenen Lösungen abgelenkt. Er lenkt mehr Kraft in die Beantwortung des "Ausfragens" anstatt in die eigenen Lösungsmöglichkeiten zu stecken.

- **Rat geben, Vorschläge machen, Ideen mitteilen, fertige Lösungen anbieten:** "Sie müssen einfach folgendes tun:...", "Ich an Deiner Stelle würde jetzt zuerst einmal...",

"Das ist doch ganz einfach...", "Ich schlage Dir vor, dass Du...", "Das ist doch ganz einfach: Jetzt...".

Dem Ratsuchenden Lösungen anzubieten bedeutet nichts Anderes, als zu sagen: Tu das, was ich Dir sage, und die Sache wird in Ordnung gehen. Es ist eben nicht so, dass jemand mit einem Problem sofort einen fertigen Ratschlag will. Es ist genau umgekehrt: Er möchte zuerst einmal über das Problem sprechen! Er will nicht gesperrt werden, sondern seinen eigenen Weg finden. Der Ratsuchende wird früh genug sagen, OB und WANN er eine Unterstützung vom Gesprächspartner erwartet. Wer Lösungen anbietet, ohne darum gefragt zu werden, masst sich Überlegenheit an. Damit lenkt der Sperrende vom selbständigen Problemlösen ab. Leider ist es in einem solchen Fall garantiert die falsche Antwort. Ratschläge sind "Schläge" und auf solche erfolgt meistens eine empfindliche Reaktion: "Wieso soll ich das immer so machen, wie ER/SIE das will? Was glaubt DER eigentlich?". Ausgesprochen werden siede Reaktionen natürlich im Falle von Trainern/Vorgesetzten nicht. Wenn überhaupt, dann sind die Reaktionen später im passiven Widerstand erkennbar.

Schlimm für den Betreffenden kann es natürlich werden, wenn der Ratgebende auch noch unqualifizierte Meinungen abgibt. Solche Blockaden verwirren dann zusätzlich. Der Ratsuchende wird gezwungen, den Ratschlag zu blockieren: die Folge ist Zeit- und Energieverschwendung in Unnötiges, anstatt in das Suchen eigener Lösungen.

Bei häufigen "Lösungen liefern" stellt sich natürlich das Phänomen der Hilflosigkeit beim Ratsuchenden ein: Er gibt die Verantwortung an die Ratschlagende Person ab und wird dadurch abhängiger. Kreatives Denken und Selbstvertrauen nehmen ab. Ganz Gewiefte senden dann sogar den Willen des "Universallösers" gegen diesen: Der Universallöser zerbricht sich den Kopf und müht sich arbeitend für denjenigen ab, der eigentlich in Kooperation Probleme lösen sollte. Der "Universallöser" bekommt immer mehr Probleme, für die er im Grunde genommen nicht verantwortlich ist. Und wenn eine Lösung schief geht: - Sie haben mir damals ja vorgeschrieben, was ich tun sollte. Sie haben mir damals ja nicht richtig zugehört."

Zusammenfassend: Ratschlag geben, Lösungen oder Ideen sagen bedeutet der Person sagen, was sie tun oder lassen soll. Dies ist jedoch selten das, was sie wirklich tun will. Entsprechend gross ist dann der Widerstand gegen dieses Angebot.

- **Ablenken, "nicht auf den Anderen eingehen", "im Gedankenablauf stören", "lachen und/oder fröhlich antworten":** - "Ihr Problem erinnert mich jetzt genau an etwas, was ich schon lange mit Ihnen diskutieren wollte." - "Ach wissen Sie, wir sollten jetzt lieber über mein schon lange fälliges Projekt sprechen".

Jede Form von Ablenken bedeutet, die Probleme des Anderen einfach auf die Seite zu schieben. Es bedeutet über etwas Anderes sprechen: Sperren und dann ablenken. Der Betroffene fühlt sich ganz einfach nicht ernst genommen. Diese Kommunikationsblockade signalisiert, dass der Zuhörer kein Interesse und kein Verständnis für die Probleme hat. Ganz besonders in einem Trainer/Spieler-Verhältnis fühlen sich Spieler zurück gewiesen, frustriert und ärgerlich. Lachen und/oder fröhlich antworten sind Wege, um offenbar für den Ablenkenden schwierigen Themen wegzukommen. Der Ratsuchende soll sich einfach nicht mit diesem Thema beschäftigen. Das Signal kommt beim Ratsuchenden allerdings anders an: Seine Gedanken und Gefühle sind weder eine Diskussion noch die Zeit wert. Es kann auch bedeuten, dass es dem Signalisierenden unangenehm ist, über andere Probleme zu reden. Der Abgelenkte fühlt sich durch die Blockade weggeschoben und gekränkt, frustriert und verärgert.

Zusammenfassend: Ablenken signalisiert dem Anderen, dass er nicht mit seinem Problem ernst genommen wird. Eine Kränkung oder Ärger wird geradezu provoziert.

- **Beruhigen, Verharmlosen:** "Das ist doch gar nicht so schlimm!" - "Ach, nehmen Sie das doch nicht so ernst. Sehen Sie sich den Meier an. Den hat es noch viel schlimmer getroffen!" - "Das hatten wir letztes Jahr schon. Das kommt schon in Ordnung" - "Du musst das positiv sehen, dann wird das schon wieder!"

Verharmlosen und beruhigen sind positiv verpackte Kommunikationsblockaden. Die Blockaden verdeutlichen dem Betroffenen, dass er ja gar kein so schlimmes Problem hat. Verharmlosen und beruhigen soll negative Emotionen abbremsen oder zudecken.

Nichts ist gegen die ewigen Optimisten zu sagen. Die brauchen wir! Gefährlich sind die ewig weghörenden Verharmloser - die positive Form des Ablenkens und dafür um so schlimmer. Es ist ja schwierig, gegen einen Berufsoptimisten zu argumentieren, insbesondere wenn er überhaupt nicht auf das Gesagte eingeht. Das ist nun absolut nicht das, was der Betroffene will. Das lässt ihn nochmals kleiner und minderwertiger fühlen, als er es mit seinen Problemen an sich schon ist. Insbesondere väterlich und missionarisch auftretende Autoritäten senden diese Signale, ohne sich über die verheerende Wirkung wirklich klar zu sein: Dieses Verhalten vermittelt Unverständnis und möglicherweise sogar Ignoranz.

Zusammenfassend: Beruhigen und Verharmlosen ist eine positive Form der Ablenkung. Sie signalisiert dem Betroffenen, dass der Angesprochene sich nicht mit einem auseinandersetzen will. Der Betroffene reagiert mit schlechten Gefühlen gegenüber sich selber und dem Antwortenden.

- **Logisch oder unlogisch argumentieren, lehren, dozieren:** - "Siehst Du nicht, dass..." - "Ist Ihnen klar, dass..." - "Ich sage Dir jetzt, warum Du dieses Problem hast!"

Argumentierendes oder weisheitstriefendes Lehren und Dozieren bedeutet den Gesprächspartner von einer bestimmten eigenen Lösung durch einen Appell an den Verstand oder an die Fakten zu blockieren - ohne Beziehung allerdings zu dessen Gefühlen. Natürlich lernt jeder gerne vom Anderen. Allerdings ist der Lerneffekt um so grösser, je grösser das vom Lernenden wahrgenommene Verständnis des Angesprochenen ist. Formulierungen, die an den Verstand appellieren ohne das Gefühl anzusprechen fordern nur zum Widerstand heraus. Der Argumentierende signalisiert, dass er Recht haben will. Wer Recht haben will, fordert den Anderen geradezu heraus, ebenfalls Recht zu haben - ein Spiel, bei dem es automatisch Verlierer gibt und nicht beide im Miteinander Gewinner werden können. Keiner hat ja gerne Unrecht. Wenn jemand argumentiert (z.B. der Trainer gegen seinen Spieler oder der Chef gegen seinen Mitarbeiter), dann fordert er geradezu den Widerstand heraus.

Zusammenfassend: Logisch oder unlogisch "argumentieren"; Lehren oder Dozieren signalisiert nicht Sympathie und Verständnis. Der so Sperrende stellt sich als Experte dar und provoziert damit beim Betroffenen Widerstand: - "Der will ja immer nur recht haben."

Gedankenstop:
Denken Sie nach dem Lesen bitte eine Minute lang nach: Was bedeutet das Gelesene für Sie? Notieren Sie für sich, was Sie sich jetzt persönlich aufgrund dieses neuen Wissens vornehmen.

Selbsttest: Eigene Kommunikationsblockaden
Für den Angesprochenen wirken diese Formulierungen nur dann als Kommunikationsblockaden, wenn Ihr Gesprächspartner ein Problem hat, d.h. nicht o.k. ist! Wenn Sie diese Formulierungen bei einer angeregten gegenseitigen Information verwenden, wirken diese Formulierungen nicht als Blockaden.

Die Kommunikationsblockaden bilden Sperren bei der Hilfe von anderen Personen. Sie verhindern, dass Sie eigentlich das machen können, was sie wollen: Der anderen Person wirklich zu helfen; anerkannt zu werden als jemand, der nützlich ist und Wissen hat; als jemand zu gelten, auf den man sich verlassen kann.

Wie kann ich die Kenntnis über die Kommunikationsblockaden anwenden?

- Wenn Sie selber wissen, wie Ihr persönliches Kommunikationsblockadeprofil ausschaut, können Sie daran gehen, willentlich einzelne Spitzen abzubauen.
- Sie können bei Kenntnis Ihrer Sperren diese bewusst vermeiden.
- Sie können sich in für Sie sich wiederholenden Besprechungen einzelne Blockaden bewusst vornehmen, dass Sie diese nicht bringen werden, wenn Ihr Gegenüber Problemsignale sendet.

Wie sieht Ihr Kommunikationsblockadeprofil aus?

Kreuzen Sie einfach die Sperren so an, wie Sie sich selber in Problemlösungsdiskussionen erleben. Denken Sie sich eine typische Situation aus, aus der Sie immer wieder unzufrieden hervorgehen. Eine typische Situation kann eine private mit Ihrer Partnerin/Ihrem Partner oder eine berufliche mit Vorgesetzten oder mit bestimmten Spielern sein. Wählen Sie solche Situationen, die für Sie innerlich noch nicht abgeschrieben sind.

	Viel	**Etwas**	**Wenig**	**Keine**
1. kritisieren	□	□	□	□

2. beschämen	☐	☐	☐	☐
3. loben	☐	☐	☐	☐
4. diagnostizieren	☐	☐	☐	☐
5. befehlen	☐	☐	☐	☐
6. drohen	☐	☐	☐	☐
7. moralisieren	☐	☐	☐	☐
8. ausfragen	☐	☐	☐	☐
9. Rat geben	☐	☐	☐	☐
10. ablenken	☐	☐	☐	☐
11. beruhigen	☐	☐	☐	☐
12. argumentieren	☐	☐	☐	☐

4. Passives und Aktives Zuhören

4.1. Passives Zuhören?

Passives Zuhören ist kein "Alles ist mir egal"-Zustand, sondern im Gegenteil ein ausgesprochen konzentriertes Verhalten. Passives Zuhören entspricht der Rolle des "Empfängers" im Kommunikationsablauf und schliesst die Wahrnehmung, die Dekodierung, die gedankliche Verarbeitung und die angepasste Reaktion gegenüber dem "Sender" ein. Die Aussage Plutarchs hat zentrale Bedeutung:

> ***"Wisse, wie zuzuhören, dann kannst Du selbst von denen lernen, die schlecht sprechen."***

Wie kann ich die Kenntnis über passives Zuhören einsetzen?

Zuhören ist wirksame Zeitverwendung. Richtiges Zuhören setzt eine hohe Konzentration voraus und bedeutet innerlich und äusserlich sich ganz dem Sprechenden zu widmen. Dies unabhängig von der Situation: in einer persönlichen Besprechung, in einer grösseren Teambesprechung, in einem Vortrag oder selbstverständlich auch zu Hause mit der eigenen Familie.
Schlechtes Zuhörerverhalten ist gekennzeichnet durch:

- **reaktionsloses** Schweigen
- übertriebenes **Lauschen** mit starrer Kopfhaltung und unbeweglicher Miene
- **horchen** mit gespitzten Ohren und gerunzelter Stirn
- "Was?", "Wie bitte?", "Was sagen Sie da?" **fragen und drängen**
- sich in **Unterlagen vertiefen**
- auf die Uhr **schauen**, wie "auf dem Sprung" sitzen
- **gähnen**, mit den Fingern auf dem Tisch trommeln
- in Gedanken **woanders sein:** zum Fenster hinaussehen

Alle diese Verhaltensweisen signalisieren dem Gesprächspartner: Du bist mir nicht wichtig und das Thema auch nicht! Höre endlich auf, damit ich wegkomme oder ich Dir sagen kann was ich denke! Sie erzeugen beim Sprechenden entweder Resignation oder Ärger. Beide Gefühle führen dazu, dass es leichter zu einem nicht zu kontrollierenden Konflikt kommt. In diesem geht es dann nicht mehr um die Sache, sondern um ein Machtspiel: Ich gewinne und Du verlierst.

Die Notfallregel (!) Was tun, wenn der Inhalt Ihnen absolut nichts bringt und Sie aus bestimmten Gründen bleiben müssen? Keinesfalls die Anderen stören, sondern die Zeit geniessen und all das tun, wofür sonst wenig Zeit bleibt: still Nachdenken!!

Plato bemerkte, dass Weise sprechen, weil sie etwas zu sagen haben und Narren, weil sie irgend etwas zu sagen haben.

Wie sieht passives Zuhören aus?

Verhaltensweisen	**ja**
• Ganz bei der Sache sein: Blickkontakt	☐
• Sich dem Gesprächspartner mit den Händen, dem Gesicht , d.h. dem ganzen Körper mit ungeteilter Aufmerksamkeit zuwenden	☐
• Sich bemühen, die Aussage richtig zu verstehen und herauszuhören, WAS der Andere zum Ausdruck bringen will und WIE er seine Inhalte vorbringt	☐
• Passives Zuhören bedeutet, das Gesagte gedanklich richtig einordnen und verarbeiten	☐

• Vorurteilsfrei und objektiv den Inhalt, den Standpunkt, die gedankliche Arbeit und besonders die Gefühle des Partners erkennen	☐
• Blickkontakt	☐
• Lächeln	☐
• Bestätigung	☐
• Ermunterung	☐
• "hm" sagen	☐
• Negative Zuhörersignale führen im nichtverbalen Bereich zu einer starken Verunsicherung des Gesprächspartners:	☐
• Tagträumereien	☐
• Diskussionen mit Nachzüglern	☐
• Gespräche mit dem Nachbarn	☐
• Lärm	☐
• eigene Planungen für später	☐
• Ignorieren Sie Gewohnheiten und Ticks des Sprechenden	☐

4.2. Aktives Zuhören?

Um die Gefühle und Empfindungen eines anderen einigermassen zu verstehen, müssen Sie sich in seinen/ihren persönlichen Bezugsrahmen hineinversetzen. Da es aber niemandem gelingt, die Dinge ganz aus dem Blickwinkel des anderen zu sehen, ist im besten Fall eine Annäherung an das Verstehen möglich. Deshalb müssen die Erwiderungen beim aktiven Zuhören tastend sein, um definitive Aussagen dem Sender zu überlassen.

Beim aktiven Zuhören sind eine ganze Reihe von Ausdrücken hilfreich. Die Wiederholung des Satzes: "Es klingt so, als ob..." oder "Sie meinen es doch sicher so, dass..." wirkt auf den Gesprächspartner schnell irritierend und erweckt den Eindruck eines mechanischen Ablaufes anstatt einer echten und einfühlsamen Erwiderung.

Wann wir aktives Zuhören angewendet?

Das aktive Zuhören kann ein wertvolles Mittel sein, um jemanden, der ein Problem hat, zu helfen. Im falschen Moment angewendet kann es aber auch befremdend wirken oder Widerstand auslösen. Völlig fehl am Platz ist es, wenn Sie selbst das Problem haben. Es gibt noch andere Möglichkeiten des unangebrachten Gebrauchs. In den beiden folgenden Spalten sehen Sie, in welchen Situationen das aktive Zuhören angebracht ist und in welchen nicht.

Wenden Sie aktives Zuhören an, wenn

- Sie verbale oder nichtverbale Hinweise erhalten, dass jemand ein Problem oder ein unerfülltes Anliegen hat.
- Sie jemandem helfen möchten und Zeitpunkt und Ort günstig sind.
- Ihnen die Probleme und Hinweise des anderen keine eigene Probleme schaffen, Sie sich dafür öffnen können und Verständnis empfinden.
- Sie zur anderen Person genügend Distanz haben, damit Sie Ihre Lösung des Problems, wie immer sie auch ausfallen mag, akzeptieren können.
- Sie in der Lage sind, sich auf den anderen einzustellen, ohne dass eines Ihrer eigenen Anliegen so dringend wäre, dass es Ihre Zuwendung stören könnte.

Wenden Sie es nicht an, wenn

- Sie keine Problemhinweise erhalten.
- Sie in einem besonderen Fall nicht helfen wollen - weil Ihnen das Problem gleichgültig ist, Sie in Eile oder beschäftigt sind; Sie das Verhalten des anderen nicht annehmen können und sich deshalb in Ihren Gefühlen verletzt fühlen (insbesondere, wenn das Verhalten Gegenstand des Gesprächs wäre).
- Sie an einer bestimmten Lösung, die für Sie wünschenswert wäre, interessiert sind (dadurch würde Ihr aktives zuhören durch Ihre lenkenden Aussagen beeinträchtigt).
- Ihre eigenen Probleme so schwerwiegend und dringend sind, dass Sie davon abgehalten werden, sich völlig auf den anderen einzustellen.
- der andere nur Informationen benötigt, über die Sie verfügen.
- Sie nicht in der Lage sind, Ihre Gefühle und Empfindungen im Zusammenhang mit der anderen Person oder ihrer Situation offen auszudrücken oder über Ihre eigene Situation sprechen möchten.
- Ihr Gegenüber seine Probleme oder Gefühle so klar ausdrückt, dass ein Paraphrasieren nur schulmeisternd wirken würde und sich somit erübrigt. Schweigen oder Zustimmung ist in solchen Fällen eher angebracht.

Übung: Gefühle identifizieren

Ziel:
Entwicklung der Fähigkeit, in einem Gespräch Gefühle heraus zu spüren und sie zu beschreiben.

Hinweis:
Lesen Sie die folgenden Aussagen und versuchen Sie "herauszuhören", welche Empfindungen ausgedrückt werden. Beschreiben Sie die Gefühle in Stichworten.

Beispiel: "Ich kann den Fehler nicht herausfinden. Anscheinend komme ich überhaupt nicht dahinter. Vielleicht sollte ich aufhören, weiterzusuchen."

- Tatenlos / entmutigt
  versucht aufzugeben

"Was, das alles soll ich in drei Stunden erledigt haben?"

"Nun spiele ich schon seit 15 Jahren für den Verein, habe getan, was ich konnte, und nun soll ich einem Jüngeren Platz machen! Das ist äusserst unfair."

"Wissen Sie schon, dass sich meine Trefferrate im Vergleich zu letzten Saison deutlich gesteigert hat, seit ich diese Konzentrationsübungen mache? Ich bin wirklich froh um den Tipp, den Sie mir damals gegeben haben. Danke für Ihre Mithilfe."

"Das ist gar keine Frage und für mich nichts Neues. Ich bin sicher, dass ich recht habe, ganz egal, was andere Leute darüber denken. Wir müssen die Sache einfach anders angehen."

"Ich möchte aussteigen, solange es noch Zeit ist. Warum soll ich hier herumsitzen und warten, bis sie eines Tages die Laune haben, mich hinauszuwerfen?"

"Hätten Sie das gerne gehabt? Jeder hätte doch so reagiert wie ich!"

"Jetzt ist mir alles egal. Für mich ist das Leben nicht mehr lebenswert. Warum soll ich weitermachen? Alles sieht schwarz und düster aus."

"Schon gut, ich sagte doch, dass es mir leid tue. Was soll ich denn noch machen? Ich weiss, dass ich einen Fehler begangen habe."

"Meinen Sie, ich solle zurückgehen und ihm meine Meinung offen sagen? Wir er es mir nicht übel nehmen?"

"Ich würde gerne nochmals mit Ihnen darüber sprechen. Ich habe zwar eine Idee, aber ich weiss nicht, ob sie nicht etwas verrückt ist. Sie haben mehr Erfahrung auf dem Gebiet als ich."

"Wissen Sie, ich empfinde das schon seit zwei Wochen. Eigentlich sollte es mir jetzt wieder besser gehen. Ich frage mich, was die Ursache für diese Niedergeschlagenheit ist."

"Ich wäre froh, wenn mein Trainer auch einmal sagen würde, ob er mit mir zufrieden ist. Mir klopft niemand mehr auf die Schultern."

"Ich kenne andere Vereine, die das ausprobiert haben, aber ohne Erfolg. Sehen Sie sich Verein XYZ an. Die sind abgestiegen. Es hört sich zwar gut an, aber ob es wohl auch funktionieren wird?"

"Darf ich Sie einmal etwas fragen? Wie viel verdient man als Spieler auf meiner Position in diesem Verein normalerweise? Die Tatsache, dass ich während der vier Jahre in der Regionalliga spielte, brachte mich etwas ins Hintertreffen."

"Können wir nicht das Thema wechseln - warum müsse wir immer dasselbe Problem wälzen?"

Übung: Aktives Zuhören identifizieren

Ziel:
Erkennen können, wie aktives Zuhören als Antwort aussieht.

Ablauf:
Sie finden im folgenden einen Dialog zwischen einem Trainer (Hr. Kardi) und seinem Spieler (Hr. Sunny). Bitte wählen Sie aus den drei Antworten von Herrn Kardi die dem aktiven Zuhören am Nächsten kommende aus.

Trainer Kardi: Sunny, bevor Du nach Hause gehst. Hast Du jetzt noch einen kurzen Moment Zeit?

Spieler Sunny: (Erstaunt und verzieht das Gesicht fragend). Jetzt gleich? Na gut.

Trainer Kardi: Sunny, Du bist jetzt 3 Monate bei uns im Team. Es ist bei uns üblich, dass wir nach diesem ersten Vierteljahr ein Gespräch darüber führen, wie es unseren neuen Spielern gefällt. Ich weiss, dass dieses Gespräch Dich jetzt überrascht und Du schon nach Hause gehen wolltest. Aber Du weisst ja, dass ich ab morgen wieder einige Tage weg bin und ich vergesse es sonst wieder. Also, wie gefällt es Dir denn bei uns im Team?

Spieler Sunny: Wieso muss denn so ein Gespräch so plötzlich sein? Aber ich bin es ja gewöhnt, dass Dinge hier sehr schnell ablaufen!

Trainer Kardi:
- Jaja, wir müssen in unserem Verein halt doch etwas flexibler sein als andere.
- Siehst Du, das ist genau das, was ich an Dir so schätze. Du reklamierst nicht gross, sondern ziehst geradewegs mit. Ich wünschte alle unsere Spieler zeigten dieses Verhalten. Aber es ist halt schwer, gute Kräfte zu bekommen.
- Bist Du überrascht?

Spieler Sunny: Allerdings bin ich überrascht. So plötzlich habe ich ja selber keine Gelegenheit, mich richtig vorzubereiten. Aber so ist das hier halt immer (zuckt mit den Schultern - kurzes resigniertes Schnaufen).

Trainer Kardi:
- Aber jetzt! Mach nicht so ein Gesicht. Du bist doch sonst nicht so. Also, es gefällt Dir bei uns?
- Du hast das Gefühl, das sei hier immer so?
- Ja, so ist das halt. Also, wie gefällt es Dir?

Spieler Sunny: Ja, immer alles überraschend und dabei weiss man auch nicht genau, ob das so wichtig ist, was jetzt pressiert. Alles ist immer überraschend und dringend und am Spieltag wird dann alles über den Haufen geworfen. Das ist dann frustrierend

Trainer Kardi:
- Ja weisst Du, manchmal muss das halt so sein. Wenn wir die Besten sein wollen, dann müssen wir Leistungen bringen, die nicht sofort erkennbar sind.
- Das ärgert und frustriert Dich?
- Ist klar. Wir haben sehr viel zu tun!

Spieler Sunny: Genau. Ausserdem sind die Anweisungen auch nicht so genau, dass ich meine Aufgaben ohne Rückfragen klar erledigen kann. Dann sagen Sie zwar nichts, aber ich merke das doch genau. Wenn ich mir dann überlege, welche Aufgaben mit meiner Position im Team verbunden sind, mache ich eine ganze Menge mehr als ich müsste. Wenn ich da andere Spieler anschaue.

Trainer Kardi:

- Du arbeitest mehr als Du müsstest - und mit Deinen Mitspielern bist Du auch nicht zufrieden?
- Diese Spieler verdienen auch nicht so viel, Sunny.
- Dass Du eine besondere Position hast, sagte ich schon früher. Aber was willst Du mit den "anderen Spielern" andeuten?

Spieler Sunny: Zögert... . Hmmh, richtig, ich arbeite mehr. Aber das macht mir nichts aus. Im Gegenteil: Es macht ja gerade Spass eine solche herausfordernde Aufgabe zu haben. Mit den Mitspielern bin ich schon zufrieden. Die meisten sind okay. Es sind nur die zwei älteren, die sich beide auch für meine Position interessiert hatten. Ich habe einfach das Gefühl, dass diese Spieler mit mir schlecht zurechtkommen.

Trainer Kardi:

- Ach, das war ja klar, dass diese zwei sich nicht freuen. Gerade einem jungen Spieler gegenüber haben die Mühe. Aber Du musst halt auch lernen mit solchen Teamkollegen umzugehen.
- Du hast das Gefühl, dass diese zwei gegen Dich arbeiten?
- Aber das dürfte doch bei Dir kein Problem sein! Intrigieren die Kollegen gegen Dich? Das musst Du mir sagen! Ich werde sofort einschreiten! Nebenbei gefragt: Was weisst Du eigentlich über Deinen Mannschaftskameraden Thommy? Ich hörte, dass er gerne einen über den Durst trinkt und es kursieren auch so komische Geschichten über ihn. Hast Du übrigens die neueste Geschichte über seine verpatzte Ehe schon gehört?

Spieler Sunny: Nein, ... zögert. Ich bin mir nicht sicher. Und ich möchte auch nichts gegen Kollegen sagen, gerade weil ich erst so kurz da bin. Wir haben einfach immer wieder zu wenig Zeit.

Trainer Kardi:

- Ja so ist das halt. Da kann man nichts machen.
- Aber Sunny. Wenn man erst so kurz da ist, sollte man etwas mehr Enthusiasmus zeigen. Es gibt schliesslich genügend fähige Spieler für eine solche interessante Position, sie Du sie hast! Also, Du bist doch sicher zufrieden, auch wenn es manchmal hektisch zugeht?
- Du hast das Gefühl, dass Du zu wenig Zeit hast? Also zu wenig Zeit um die Aufgaben im Team zu übernehmen und zu wenig Zeit, miteinander zu reden?

Spieler Sunny: Richtig, In meinem früheren Verein sind wir wenigstens einmal im Monat miteinander Mittagessen oder auch mal Kegel gegangen und dann lernte man sich wenigstens kennen.

Trainer Kardi:

- Du hast das Gefühl, Sunny, dass Du untereinander auch mehr Kontakt bräuchtest. Ja, ..., ich weiss. Ich sollte mich schon ein wenig mehr auch um diese Dinge kümmern. Ich vergesse halt immer wieder, dass das auch wichtig ist. Okay, was schlägst Du vor?

- Ja, Sunny, das kenne ich auch. Sieh mal, als ich hierher gekommen bin, ging es mir mit meinem Staff genau gleich. Jeder hatte zu wenig Zeit.
- Tja, in unserer sportlichen Position müssen wir halt jede Möglichkeit nutzen und müssen halt mehr leisten. Das bringt uns schliesslich auch den Vorsprung vor den anderen Teams. Schliesslich gibt es innerhalb des Vereins auch noch Leute, die gegen uns arbeiten.

Spieler Sunny: Vielleicht ist einmal miteinander Mittagessen gar nicht so schlecht. Aber ich will nicht, dass der Impuls von mir ausgeht, sonst bin ich es wieder einmal, der alles umkrempeln will. Ich mache da wahrscheinlich sowieso genug Unruhe.

Trainer Kardi:

- Du machst keine Unruhe. Es ist das Recht der Jugend, dass sie Dinge schnell verändern will. Ich finde das gut. Gib ruhig möglichst viele Impulse und teil mir Deine Ideen am Besten auch noch schriftlich mit. Das eine oder adere findet dann sicher seinen Weg.
- Sag mal, nimmst Du Dich vielleicht nicht zu wichtig? Glaubst Du etwa, dass Du in einem so gut funktionierenden Team Unruhe stiften kannst?
- Okay. Die Idee mit dem Mittagessen finde ich eine gute. Ich schulde sowieso noch etwas für meinen Geburtstag von letzter Woche. Aber Du sagtest, dass Du Unruhe machst. Das Gefühl habe ich zwar nicht und das erstaunt mich.

Spieler Sunny: Na ja, wissen Sie. In meinem früheren Verein wurde es sehr begrüsst , wenn wir Vorschläge und Ideen brachten. Hier habe ich einige Ideen einfach einmal meinen Kollegen und dem Assistenztrainer mitgeteilt, aber die reagierten sehr komisch darauf. Ich sollte nicht so viel gleich am Anfang umkrempeln und müsste doch zuerst einmal sehen, wie es hier zugeht. Gerade diese älteren Mitspieler machten so Sprüche. Und dann habe ich natürlich nichts mehr gesagt.

Trainer Kardi:

- Wäre es eine Lösung, dass Du alle Ideen zuerst an mich schriftlich richtest? Dann sind die bremsenden Elemente ausgeschaltet.
- Hmmh, Du fühlst Dich gebremst und resignierst schon halb!?
- Sunny. Als Benjamin in unserem Team denke ich schon, dass Du noch etwas auf die erfahreneren Kollegen hören könntest.

Spieler Sunny: Ja genau. Das kann auch an mir liegen. Vielleicht bin ich wirklich zu spontan. Aber wenn ich schon eine Idee habe, wie das Ganze besser organisiert werden könnte, will ich nicht einfach so gestoppt werden. Diese erste Idee, die Fans doch einfach online über den neuen Trikotsponsor abstimmen zu lassen ist doch offensichtlich richtig gewesen. Ich habe zwar nichts mehr darüber gehört, aber da es so gemacht wurde, denke ich, dass das richtig war, was ich sagte.

Trainer Kardi:

- Ja, das war eine gute Anregung. Ich hoffte noch mehr davon zu erhalten, aber da kam ja nichts mehr.
- Hmpf. Hat Dir das niemand gesagt, dass das auf Deine Anregung geschehen ist? Und jetzt hast Du natürlich das Gefühl, dass Du zu wenig Anerkennung für Deine Arbeit bekommst!?

- Ja, die Idee war nicht schlecht - man nennt Dich übrigens jetzt das "Modepüppchen" - weil es Deine Idee war und die Fans das rosarote Trikot gewählt haben. Aber mit solchen Sprüchen musst Du Dich halt abfinden, wenn Du vorwärts kommen willst.

Spieler Sunny: Hmmh. Ja leider. Ich... - und ich glaube wir... (zögert) - bekommen immer erst dann etwas zu hören, wenn etwas schief gelaufen ist. Eine Rückmeldung - nur ein kurzes Wort - würde ja manchmal ausreichen. Aber das geht halt unter. Aber wissen Sie, ich bin in diesem Gespräch zum ersten Male richtig offen und schon überrascht, dass ich das alles so sage. Ich bin froh, dass ich Ihnen das sagen kann, denn in diesem Team zu spielen macht mir ja insgesamt viel Spass. Ich bin gerne hier und will mich ja auch nicht beklagen. Meine Entscheidung hierher zu kommen bereue ich keinesfalls.

Trainer Kardi:

- Das freut mich und ich habe auch gar nichts anderes erwartet.
- Du bist auch kein schlechter Spieler. Okay, sonst noch etwas?
- Okay. Insgesamt hast Du das Gefühl, dass ihr alle zu wenig Rückmeldung erhaltet. Wenn ich einmal bis hierher zusammenfasse: Du hast das Gefühl, dass sehr viele Schnellschüsse gibt, die nicht immer berechtigt sind und nur wenn es schief geht bekommt ihr eine Rückmeldung. Kritik aber kaum Anerkennung. Du selber hast auch das Gefühl, dass zu wenig miteinander gesprochen wird und sich insbesondere daraus auch Missverständnisse mit Deinen zwei älteren Mitspielern ergeben. Ausserdem sind Vorschläge aus Deiner Sicht nicht so willkommen. Gleichzeitig macht es Dir hier Spass und Du hast offensichtlich das Gefühl, dass wir noch einiges miteinander besser machen können: Mehr soziale Anlässe und mehr direkte Anerkennung. Hmmh. Noch andere Punkte, die Du ansprechen möchtest?

Spieler Sunny: (Zögert) Hmmh. Ich muss erst noch nachdenken. Ich habe Ihnen ja gesagt, dass ich nicht richtig vorbereitet bin.

Trainer Kardi:

- Komm schon. Ich will jetzt wissen, was sonst noch los ist. So geht es ja nicht, dass Du nicht offen mit mir redest! Ich erwarte von meinen Spielern Offenheit!
- Komm schon. Heraus mit der Sprache. Ich habe das Gefühl, dass da noch etwas ist und Du sagst es ja selber, dass ich zu wenig Zeit für Dich habe.
- Komm schon. Aber vielleicht können wir noch über Deinen Mitspieler Karl sprechen. Was denkst Du eigentlich über ihn? Hast Du nicht auch das Gefühl, dass er manchmal nicht richtig ansprechbar ist? Du weisst es wahrscheinlich nicht, aber er hat so eine Aufmerksamkeitsstörung. Er nimmt zwar Medikamente dagegen, aber man weiss bei denen ja nie.

Spieler Sunny: Hmmh... . Aber, Sie sind offen zu mir gewesen und da möchte ich vielleicht noch etwas ansprechen, was wichtig für mich ist. Ich weiss, dass die Regelung so ist, dass innerhalb der laufenden Saison im Verein kein Urlaub genehmigt wird. Aber ich würde gerne ein verlängertes Wochenende machen.

Trainer Kardi:

- Du hast sie wohl nicht alle. Zuerst schlecht über die Kollegen reden und dann auch noch Urlaub wollen. Kommt nicht in Frage. Ich wollte wissen, wie es Dir hier gefällt und nicht, wo ich Dir einen Gefallen tun kann!
- Nochmals, wegen Kurt. Über Deinen Urlaub können wir noch später reden. Hält er sich eigentlich an seine Regenerationszeiten oder geht er abends zwischendurch in den Ausgang?
- Ah ja.

Spieler Sunny: Sie haben das Gefühl, dass die Anderen sauer sind, weil ich eine Sonderausnahme bekomme?

Trainer Kardi:

- Richtig und das würde ich nicht wollen. Welche Lösung siehst Du denn?
- Natürlich werden die sauer sein - Du hast keine Ahnung, wie die sein können.
- Ja, das kenne ich. Das hatte wir hier im Verein schon x Mal. Ich erzähl' Dir mal, was ich in meiner letzten Funktion als Assistenztrainer einmal erlebt habe:... .

Spieler Sunny: Meine Position ist doch eh doppelt besetzt. Ausserdem zwickt es bei mir immer noch etwas in der Wade. Da wäre es gut, wenn ich mal ein Wochenende Pause hätte.

Trainer Kardi:

- Stimmt etwa etwas nicht mehr zu Hause?
- Ach, das lassen wir doch zuerst einmal auf uns zukommen. Das ist doch kein Problem!
- Gut. Ich spreche das ab. Wenn alles okay ist, gibt es da keine lange Diskussion - sollte es aber noch Störungen geben, dann wird jeder von euch die Gelegenheit haben, sich darüber zu äussern. Ist sonst noch etwas offen?

Spieler Sunny: Nein, jetzt nicht mehr. Danke vielmals, dass Sie so überraschend auf mich zugekommen sind. Ich bin wirklich froh darüber, dass Sie so offen mit mir gesprochen haben.

Trainer Kardi: Gut. Ich danke Dir auch für Deine Offenheit in diesem Gespräch. Ich habe jetzt mein positives Gefühl von Dir bestätigt bekommen. Ich werde mir in meinem Besprechungskalender einen Termin einsetzen, damit wir nicht mehr so lange auf ein Gespräch verzichten müssen. Das hilft mir Dinge mit Dir auszuräumen, bevor Sie zu einem Problem werden.

Übung: aktives Zuhören

Hinweis: Nehmen Sie ein Blatt Papier oder eine Karte und decken Sie die Antwort des "Trainers" ab. Lesen Sie die Botschaft des "Spielers" und formulieren Sie Ihre eigene Erwiderung im Sinne des aktiven Zuhörens. Schieben Sie das Papier hinunter über die nächste Antwort und vergleichen Sie die erste mit Ihrer eigenen.

Spieler: Warum betreibt dieser Verein eine so miese Lohnpolitik?

Trainer: Ziemlich unglücklich über Deine Lohnerhöhung, hm?

Spieler: Sicher. Schliesslich habe ich diese Saison gut gespielt, nicht wahr? Warum sollte ich mich mit einer armseligen Lohnerhöhung zufrieden geben?

Trainer: Irgendwie scheint Dir der Lohn für Deine Arbeit nicht angemessen zu sein und das verwirrt Dich.

Spieler: Mit einer so kümmerlichen Lohnerhöhung komme ich nirgends hin.

Trainer: Es ist wie ein Rückschritt.

Spieler: Natürlich! Manchmal habe ich das Gefühl, überhaupt nicht vorwärts zu kommen.

Trainer: Du klingst ziemlich entmutigt.

Spieler: Bin ich auch. Wissen Sie, man hat mir bei den Junioren die besten Chancen auf Erfolg vorausgesagt. Und nun stehe ich da und bin gar nichts Besonderes.

Trainer: Du bist in Deinen Erwartungen enttäuscht.

Spieler: Genau das! Ich dachte, ich könnte Berge versetzen und heute bin ich 23 Jahre alt und habe überhaupt noch nichts erreicht.

Trainer: Du bist so entmutigt, dass es Dir scheint, als hättest Du in Deinem Leben noch nichts Besonderes geleistet.

Spieler: So schlimm ist es auch wieder nicht. Aber letzte Woche hatte ich meinen 23sten Geburtstag - zwei Tage nachdem ich von der Lohnerhöhung hörte - und da wurde mir plötzlich bewusst, dass ich kein Kind mehr bin. Ich bin nun wirklich "erwachsen" und gehen den mittleren Jahren als Profisportler entgegen.

Trainer: Deine Perspektive hat sich plötzlich verändert und das hat Dich ein bisschen schockiert.

Spieler: Allerdings! Ich glaube, manchmal hält man über Jahre an einem Bild, das man einmal von sich gemacht hat, fest und merkt nicht, dass man sich im Laufe der Zeit verändert hat - plötzlich die Erkenntnis: so bist du ja gar nicht!

Trainer: Du findest, dass das Bild plötzlich nicht mehr auf Dich passt?

Spieler: Ja. Ich hatte immer diese Vorstellung, dass ich mit 25 in einem grossen Verein aus dem Ausland spielen würde. Ich hatte mir auch schon die Schlagzeilen von Artikeln, die in der Zeitung über mich geschrieben würden, ausgedacht: "Hellster Stern am Fussballerhimmel".

Trainer: Du sahst Dich schon ganz oben, hm?

Spieler: Nun gut, wirklich erwartet habe ich das alles nicht, aber ich hätte doch gedacht, dass ich mehr erreichen würde. An meinem dreissigsten Geburtstag wurde mir plötzlich klar, dass ich alles mögliche auf "später" aufgeschoben hatte. Ich hatte eine Menge Ideen in bezug auf meine Karriere und ich wollte mehr Verantwortung innerhalb der Mannschaft übernehmen. Ich wollte mehr an meiner Technik arbeiten und auch ein bisschen mehr Kraft trainieren. Vieles habe ich auf später, wenn ich ein bisschen älter wäre hinausgeschoben.

Trainer: So sind viele Dinge, die Du wirklich tun wolltest hinausgezögert worden.

Spieler: Ja, alles wollte ich etwas "später" in Angriff nehmen. Manchmal glaube ich, dass mich die Angst vor Misserfolg zurückhielt. Ich fürchtete, meinen eigenen Anforderungen nicht zu genügen.

Trainer: Deine Angst vor Misserfolg hindert Dich sogar daran, es auch nur zu versuchen.

Spieler: Das könnte sein, obwohl es mir ziemlich albern erscheint, wenn ich die Sache so betrachte. Wahrscheinlich erwartete ich zu viel, als ich die Juniorenabteilung verlies, so dass eine Enttäuschung ja kommen musste. Ich wette, dass ich viel besser spielen würde, wenn ich nur "ich selber" sein könnte. Es wäre wirklich komisch, wenn ich meine Erwartungen abbaute und sie dadurch schliesslich doch noch erfüllen würde.

4.2.1. Rückmeldung für aktives Zuhören

Zuhören will gelernt sein. Es braucht dazu auch Instrumente, damit dem Zuhörenden zurückgemeldet werden kann, dass er sein Verhalten im Griff hat. Nur mit der Aussage, das und das ist falsch gelaufen, werden Probleme nur signalisiert und nicht konkretisiert.

Wie wird "die Rückmeldung" eingesetzt?

In jeder Situation, in der einer Person mit aktivem Zuhören geholfen wird.

WIE sieht dieses Instrument aus?

Bewerten Sie die Wirksamkeit des aktiven Zuhörens beim Zuhörenden in den folgenden Verhaltensweisen.

	Sehr wirksam	**Wirksam**	**Unwirksam**	**Nicht vorhanden**
Passives Zuhören				
Aufmerksamkeit	☐	☐	☐	☐
Direkter Augenkontakt	☐	☐	☐	☐
Offene Körperhaltung	☐	☐	☐	☐
Leicht nach vorne geneigt	☐	☐	☐	☐

Benutzt ruhiges, interessiertes Zuhören	☐	☐	☐	☐
Drückt sich anerkennend und annehmend aus (Worte und Geräusche)	☐	☐	☐	☐
Gebraucht Türöffner	☐	☐	☐	☐
Gebraucht Ermunterung fortzufahren	☐	☐	☐	☐
Aktives Zuhören				
Meldet die ganze Botschaft des Senders zurück (Inhalt und/oder Empfindungen)	☐	☐	☐	☐
Hat einfühlende(n) Stimme und Gesichtsausdruck	☐	☐	☐	☐
Problemlösungsprozess	☐	☐	☐	☐
Hilft dem Problembesitzer beim - Durchlaufen eines Problemprozesses.	☐	☐	☐	☐

5. Die richtigen Fragen stellen

Fragen sind nicht nur intellektuell, sondern auch emotional zu führen. Wenn Sie z.B. eine Checkliste durcharbeiten, dann führt Sie eine Reihe von Fragen durch das Thema - und wenn Sie alle beantworten, wissen Sie mehr und können besser entscheiden. Weniger bekannt ist die enorme Wirkung von Fragen, die uns emotional führen, und zwar:

- Wenn wir sie uns selbst stellen, führen wir uns selbst.
- Wenn andere sie uns stellen, führen diese uns.
- Wenn wir sie anderen stellen, führen wir diese.

Wenn wir durch Fragen führen, so kann diese Führung intellektuell wie emotional (sogar beides gleichzeitig) sein. Darüber sind wir uns in der Regel nicht im Klaren, vor allem, wenn jemand, der diese Technik beherrscht, uns mit seinen Fragen geschickt dorthin führt, wo er uns haben will.

Für Trainer geht es in Gesprächen darum, die "richtigen" Fragen zu stellen. Die richtige Frage ist wichtiger als die Antwort. Allein die richtige Frage führt zur richtigen Antwort. Da der Mensch von Natur aus dazu neigt, die falschen Fragen zu stellen, bedarf es einer bewussten Entscheidung und Anstrengung, einen Sachverhalt von einem anderen Standpunkt aus zu betrachten. In vielen Fällen führt eben nicht die nahe liegende Frage, sondern erst der neue Standpunkt zur richtigen Antwort. Wenn man sich dieser Neigung bewusst ist, dann kann man durch einen Standpunktwechsel neue Fragen stellen und dadurch neue Antworten erhalten. Einige Trainer sind der Ansicht, dass sich ihre Schützlinge nicht anstrengen, wenn sie nicht belohnt werden oder sich nicht vor Strafe fürchten. Deshalb versuchen sie, ihre Athleten zu motivieren. Erst wenn wir einen anderen Standpunkt einnehme, werden wir die intrinsische Motivation entdecken. Dann werden wir die Frage stellen: "Was hindert meinen Sportler daran, gute Leistungen zu zeigen?"

Erst wenn wir davon ausgehen, dass mit wenigen Ausnahmen die Mitglieder eines Teams gute Resultate erreichen wollen und frustriert sind, wenn sie durch Hindernisse daran gehindert werden, erscheint dieser Standpunkt natürlich.

Ein guter Trainer sollte sich auch im klaren sein, dass bestimmte Fragen bei bestimmten Leuten negative Reaktionen hervorrufen. Sie fühlen sich an Situationen mit Eltern oder Lehrern erinnert. Typische Fragen waren: "Wo warst Du?", "Wann wirst Du endlich Vernunft annehmen?", "Ist das alles?". Es sind Pseudofragen. Sie sind gefährlich, weil der Angriff in eine Frage verpackt ist. Viele wagen nicht zu widersprechen.

Bei einer "echten Frage" hat der andere das Gefühl, er könne sie beantworten. Fragen, die mit warum beginnen, sind besonders gefährlich, weil sie häufig zu einem Abbruch der Kommunikation führen. Besonders dann, wenn sie in verurteilendem oder herablassenden Ton gesagt werden. "Warum" ist nur dann nützlich, wenn es vom negativen Unterton befreit ist. Besser ist es jedoch, die Warum-Frage anders zu formulieren. Die Wörter was, wie, könnte oder wozu eignen sich. Beispiel: "Könnten Sie mir das näher erläutern?", "Wie stehen Sie dazu?" oder" Könnten Sie mir ein paar Beispiele geben?"

Wie werden "Türöffner" eingesetzt?

Türöffner setzen Sie in jeder Gesprächssituation ein, bei der Sie Ihrem Gesprächspartner die Gelegenheit geben wollen, sich mitzuteilen. Sie müssen sich dabei im klaren sein, dass es dann hinterher auch Zeit braucht.

WO wende ich dieses Instrument als nächstes an?

- Vorschlag: Lernen Sie jetzt ganz einfach einige Formulierungen auswendig.
- Wenden Sie diese Formulierungen in einer Gesprächssituation an.
- Wenden Sie die Formulierungen im privaten Bereich mit Ihren Kindern oder Partnern an.
- Experimentieren Sie einfach einmal unterwegs mit unterschiedlichen Personen, von denen Sie das Gefühl haben, dass diese im Problembereich sind.

WIE sehen diese Formulierungen aus?

Wenn Sie das Gefühl haben, dass Ihre **Wahrnehmungen zutreffen** und der Sender für aktives Zuhören empfänglich ist, können Sie zum Beispiel folgende Ausdrücke verwenden:

- ***Sie haben das Gefühl, dass...***
- ***Von Ihrem Standpunkt aus...***
- ***Es scheint Ihnen...***
- ***Wie Sie es sehen...***
- ***Aus Ihrer Perspektive...***
- ***Sie denken, dass...***
- ***Sie glauben, dass...***
- ***Wenn ich Sie richtig verstehe...***

- ***Sie sind ... (das Gefühl nennen, z.B. traurig, überglücklich)***
- ***Ich glaube zu verstehen, dass Sie...***
- ***Mit anderen Worten***
- ***Sie meinen...***

Wenn es **Ihnen nicht klar ist**, was der Sender meint oder wenn er für aktives Zuhören nicht bereit zu sein scheint, dann sind die folgenden Ausdrücke nützlich:

- ***Könnte es sein, dass...***
- ***Ich frage mich, ob...***
- ***Ich weiss nicht, ob ich Ihnen folge...***
- ***Gefällt Ihnen die Idee...***
- ***Sagen Sie mir, ob ich mich irre, aber...***
- ***Könnte es vorkommen, dass...***
- ***Trifft es zu, dass...***
- ***Von meinem Standpunkt aus...***
- ***Ich glaube, Sie richtig verstanden zu haben...***
- ***Es hört sich an, als ob Sie... (dieses oder jenes Gefühl haben)***
- ***Es scheint, dass...***
- ***Vielleicht fühlen Sie sich...***
- ***Irgendwie habe ich das Gefühl, dass...***
- ***Ich habe den Eindruck...***
- ***Ist es so, wie ich Sie verstehe? Sie...***
- ***Lassen Sie mich sehen, ob ich Ihnen folge. Sie...***
- ***Habe ich Sie richtig verstanden, dass Sie...***

6. SOFT

SOFT eignet sich besonders für eine schnelle Einschätzung einer Situation z.B. Einschätzung einer Organisation (Gruppe, Team, Verein), eines Spielers, eines Prozesses, eines Projektes. SOFT steht für:

- **S**atisfaction
- **O**pportunities
- **F**aults
- **T**hreats

Mit Hilfe von SOFT erhalten Sie sehr schnell einen Überblick bezüglich einer Situation. Es wird sehr schnell deutlich, ist hier Handlungsbedarf angesagt und wenn ja wie dringend ist dieser Handlungsbedarf zu leisten. Das Tool lässt sich auch sehr gut in einer Besprechung für eine schnelle Einschätzung einer Situation einsetzen.

Wie wird SOFT eingesetzt?

- Sie malen auf einem Blatt Papier, an einem Flip-Chart oder an einer Wandtafel eine Tabelle mit 4 gleich grossen Zellen.

- Die obere linke Zelle beschriften Sie mit **Satisfaction**
- Die obere rechte Zelle beschriften Sie mit **Opportunities**
- Die untere linke Zelle erhält den Titel **Faults** und
- Die untere rechte Zelle den Titel **Threats**
- Sie tragen bei **Satisfaction** alle Antworten ein, die Sie und Ihre Gesprächspartner zu der Frage "Was läuft gut? - (was macht Spass, motiviert, begeistert, spornt an, macht zufrieden? Was haben wir erreicht, welche Erfolge gibt es?) finden.
- Sie tragen bei **Faults** alle Antworten ein, die Sie und Ihre Gesprächspartner zu der Frage "Was läuft schlecht?" - (was ärgert, nervt, stört, frustriert, funktioniert nicht, blockiert, hält auf? Was wurde nicht erreicht, welche Misserfolge gibt es?) finden.
- Nachdem die Situation eingeschätzt ist, gilt es herauszuarbeiten, welche Möglichkeiten bzw. Risiken Sie in Bezug auf die Satisfaction- und Faults-Aspekte erwarten/sehen.
- Sie halten deshalb bei **Opportunities** fest: Welche Chancen ergeben sich aus den Punkten bei Satisfaction.
- Sie halten bei **Threats** fest: Welche Risiken, Bedrohungen, Ängste ergeben sich aus den Faults.

7. Ziele

Immer wieder stehen wir vor der Situation, Ziele formulieren zu müssen. Sie sind die Orientierungshilfe, wenn wir uns aus einer Menge von Handlungsalternativen für eine entscheiden müssen, um Arbeitskraft, Zeit, Geld und weitere wichtige Ressourcen zu sparen.

Doch was verstehen wir letztlich unter Zielen? Zukünftige Absichten und Visionen? Oder konkrete Ergebnisse und Messbares - wie es die Pragmatiker unter uns fordern würden. Andere meinen mit Zielen aber auch Methoden und Vorgehensweisen wie man bestimmte Dinge erreicht.

Jedenfalls braucht es eine einfache und für alle klar verständliche Methode, damit kein begriffliches Wirrwarr herrscht.

Ziele sind
1. **S** pezifisch
2. **M** essbar
3. **A** kzeptabel
4. **R** ealisierbar
5. **T** erminiert

Ziele werden formuliert nach
- **Z** weck
- **I** nhalt
- **E** rgebnis
- **L** änge

Anforderungen an Ziele

Ziele sind nur dann brauchbar, wenn zweifelsfrei (und ohne grossen Bewertungsspielraum) feststellbar ist, ob sie erfüllt sind oder nicht. Daraus ergeben sich zwei Mindestanforderungen an jede Art von Ziel:

1. Nachprüfbarkeit: Genaue Angaben, was genau erreicht werden soll (und ggf. woran man das erkennt)
2. Terminierung: Eindeutige zeitliche Festlegung, bis wann das Ziel erreicht sein soll.

Fehlen diese Angaben, dann handelt es sich nicht um Ziele, sondern allenfalls um Wünsche, Hoffnungen, Ideen, Richtungsaussagen ("Achten Sie doch mal ein bisschen darauf, dass mehr Torchancen zustande kommen!").

Warum sind Nachprüfbarkeit und Terminierung so wichtig? Betrachten Sie es mal aus der Spieler-Perspektive: Nur wenn beides klar ist, weiss er wirklich, woran er ist. Ansonsten kann er wieder nur hoffen, dass sein Trainer mit ihm zufrieden sein wird. Doch auch dem Trainer gibt ein eindeutige Festlegung Sicherheit: Nur dann kann er sich wirklich darauf verlassen, dass der Spieler dasselbe unter dem Ziel verstanden hat wie er und dass die Vereinbarung nicht ausgeht wie das Hornberger Schiessen.

Neben diesen beiden formalen Anforderungen gibt es zwei psychologische Anforderungen, die für das praktische Funktionieren des Führens mit Zielen wichtig sind:

1. Zum einen müssen Ziele erreichbar sein - wobei nicht die objektive Erreichbarkeit, sondern der subjektive Glaube an die Erreichbarkeit entscheidend ist. Denn ein Ziel, das unerreichbar scheint, mobilisiert auch keine Energie: Wozu sollte ich mich anstrengen, wenn ohnehin keine Aussicht auf Erfolg besteht?
2. Zum anderen wirkt ein Ziel nur dann motivierend, wenn es herausfordernd ist. Denn wenn ich sicher bin, dass ich das Ziel auch ohne besondere Anstrengung erreichen werde, wieso sollte ich mich dann besonders anstrengen?

Das wirft die Frage nach der optimalen Balance von Herausforderung und Erreichbarkeit auf. Sie hängt zum einen vom "Motivationstyp" des Spielers ab: Wenn er mehr von der "Hoffnung auf Erfolg" motiviert ist, darf die Herausforderung ruhig etwas grösser sein als wenn ihn primär die "Furcht vor Misserfolg" leitet. Zum anderen spielen auch die vom Verein gesetzten Rahmenbedingungen eine Rolle. Je nachdrücklicher das Erreichen der Ziele gefordert wird (und mit Konsequenzen gekoppelt ist), desto höher muss die Erfolgswahrscheinlichkeit sein, desto "konservativer" müssen Ziele also formuliert werden. Nur in der Euphorie eines Aufbruchs vermögen Menschen zu sagen: "Das Ziel ist total verrückt, aber wir wollen es trotzdem!" Unter normalen Umständen müssen Ziele so bemessen sein, dass sie bei vollem Engagement realistisch zu erreichen sind. Das heisst die Erfolgswahrscheinlichkeit sollte bei 80-90 % liegen.

Herausfordernde, aber realistische Ziele vereinbaren

Trainer machen sich bei der Einführung von Zielvereinbarungen oft Gedanken darüber, sie sie ihre Athleten dafür gewinnen können, sich auf ausreichend ambitionierte Ziele einzulassen. Sie haben Sorge, dass die Sportler sich auf zu niedrige Ziele festlegen könnten, so dass sich äusserst schwierige Verhandlungen ergeben. Die Erfahrung hingegen zeigt, dass unüberbrückbare Diskrepanzen selten sind. Umgekehrt kommt es gar nicht so selten vor, dass sich Sportler unrealistisch hohe Ziele setzen.

So oder so: Trainer müssen ihren Athleten bei der Kalibrierung helfen, und zwar in beide Richtungen: Während "Misserfolgsvermeider" dazu tendieren, ihre Ziele zu niedrig anzusetzen, befinden sich besonders junge, erfolgshungrige "Ehrgeizlinge" in der umgekehrten Gefahr. In beiden Fällen muss der Trainer kalibrierend eingreifen: Die einen müssen ermutigt, aber auch gefordert werden, bei den anderen ist es genauso wichtig, sie auf ein realistischen Mass "herunterzuholen" und sie nicht in einen sicheren Misserfolg rennen zu lassen. Den "Misserfolgsvermeidern" müssen Sie deutlich machen, dass das Eingehen eines gewissen Risikos von ihnen erwartet wird; bei allzu Ehrgeizigen sollten sie darauf hinwirken, dass sie sich nicht übernehmen. Dabei muss der Trainer die unterschiedlichen Erfolgsmassstäbe der Teammitglieder gegeneinander ausbalancieren.

Als Trainer hat man dafür keinen besseren Massstab als das eigene, von Erfahrung und Intuition geprägte Urteil. Doch das ist im Zweifel keine so schlechte Quelle - man sollte sich daher nicht scheuen, darauf, wenn auch ohne Dogmatismus, zu vertrauen.

Vorteile, Risiken und Nebenwirkungen

Das Führen eines Sportlers oder eines Teams mit Zielen ist die effizienteste derzeit bekannte Methode, weil Spieler hier nicht mehr über Einzelhinweise gesteuert werden, sondern nur noch durch Festlegung der "wesentlichen Orientierungsdaten". Sie ist zugleich die motivierendste, weil sie dem Sportler die grössten Freiräume zur eigenen Gestaltung lässt. Wie jede Methode beinhaltet auch das Führen mit Zielen Chancen und Risiken. Es ist wichtig, beide zu kennen, damit das Instrument nicht mit Erwartungen behaftet wird, die es nicht erfüllen kann.

- Transparenz und Nachprüfbarkeit zählen zu den wichtigsten Vorteilen des Führens mit Zielen. Andererseits lösen sie Angst aus: Transparenz wird nicht nur von denen als bedrohlich empfunden, die wenig leisten, sondern auch von der grossen Zahl von Athleten, die sich ihrer Leistung nicht sicher sind.
- Selbst- statt Fremdkontrolle: Wer seine Ziele kennt, kann selbst überprüfen, ob er auf dem richtigen Weg ist. Dies ist angenehmer als die Kontrolle durch andere.
- Erweiterter Handlungsspielraum: Innerhalb der getroffenen Vereinbarungen kann der Sportler seinen Weg selbst wählen. Das ist motivierender als wenn er lediglich ausführt, was andere vorgedacht und vorgemacht haben. Vor allem gute und erfahrene Spieler haben so die Chance zur Selbstverwirklichung.
- Ziele liefern eine saubere Grundlage für Leistungsbeurteilung und -honorierung: Sie bieten die Chance, von Giesskannenprinzip und "Nasenfaktor" wegzukommen.
- Führen mit Zielen stellt höhere Anforderungen an Planung: Sie als Trainer müssen sich also frühzeitig festlegen, was sie erreichen wollen - was natürlich auch Risiken und Zweifel mit sich bringt.
- Unklare oder mehrdeutige Formulierungen gefährden den Erfolg des Führens mit Zielen. Gerade im Bereich persönlichkeitsbezogener ("qualitativer") Ziele ist es aber nicht einfach, die angestrebten Veränderungen präzise zu beschreiben.
- "Aushandeln": Manche stört das Element von Subjektivität, das Zielvereinbarungen mit sich bringen. In der Tat spielt das persönliche Verhandlungsgeschick eine gewisse Rolle.

Unterschiedliche Arten von Zielen

Wenn im Verlauf von Zielen die Rede ist, sind meistens nur quantitative Ziele gemeint. Das ist auch richtig und wichtig, aber es genügt nicht, um langfristig gute Ergebnisse zu erzielen. Selbst bei attraktiven Prämien bringen nur wenige Spieler wirkliche Spitzenergebnisse, viele liegen im Mittelfeld, manche noch darunter. Der Grund ist nicht, dass die schwächeren Spieler den Erfolg nicht wollen - das Problem ist, dass sie nicht wissen, was sie anders machen sollen. Jeder müht sich auf seine Weise - doch ein systematischer Lern- und Optimierungsprozess findet nicht statt. Sich auf Ergebnisziele zu beschränken , heisst Entwicklungschancen verschenken.

Es ist deshalb sinnvoll, neben den Ergebniszielen auch sogenannte "Handlungsziele" festzulegen. Das können sowohl Massnahmenziele sein, d.h. konkrete Aktivitäten, die durchzuführen sind, als auch persönliche Entwicklungsziele, die aus der Beurteilung abgeleitet wurden, als auch

Teambeitragsziele, also Aufgaben, die zum Nutzen des Teams übernommen werden. Natürlich müssen diese Handlungsziele einen realen und erkennbaren Bezug zur Leistungssteigerung haben. Wenn dies der Fall ist, fördern sie die Weiterentwicklung und tragen so zur mittelfristigen Verbesserung der quantitativen Ergebnisse bei. Insofern besteht auch kein Gegensatz zwischen qualitativen und quantitativen Zielen - beide ergänzen sich.

Zielformulierung für Ihre Sportler

Die Zielformulierung für die Vorbereitung einer Besprechung oder Verhandlung eignet sich für jede Verhandlung und jedes Gespräch.

Verschaffen Sie sich zunächst einen konkreten und exakten Überblick über die Stärken und Schwächen Ihres Sportlers und über Ihre eigenen. Ihr Vorbild ist entscheidend dafür, wie sehr sich Ihre Sportler engagieren! Die Zielformulierung hilft eine klare und verbindliche Absichtserklärung zu gestalten. Sie geht nicht nur auf die Formulierung des Ziels an sich, sondern auf den gesamten Planungsprozess (Messbarkeit, Vorgehensweise, Realitätsnähe und Einhaltung von Terminen) ein.

Trennen Sie sauber zwischen Vorgabe und Vereinbarung. Jeder Spieler weiss, das hier wenig Verhandlungsspielraum besteht, weil es ja zentrale Vorgaben gibt. Da wirkt es unglaubwürdig, wenn Vorgaben als "Vereinbarung" getarnt werden. Dies wirkt nur demotivierend.

Wenn Sie die Wahl haben, sollten Sie Ziele gemeinsam mit Ihren Sportlern vereinbaren. Denn aufgedrückte Ziele erzeugen nur geringes Engagement, der Sportler fühlt sich nur so weit gebunden, wie es zur Vermeidung von Nachteilen unvermeidlich ist. Allerdings gibt es keinen Weg zurück: Wenn man eine Vereinbarung angekündigt hat, besteht "Zwang zum Verhandeln". Der Rückgriff auf Vorgaben würde dann als grobes Foul empfunden.

In jeder Situation gibt es wichtige Ziele, die auf jeden Fall erreichen müssen. Diese Ziele werden als "Mussziele" bezeichnet. Auf der anderen Seite gibt es in jeder Gesprächssituation auch negative Punkte, die es auf jeden Fall zu vermeiden gilt. Die Gründe für die negativen Aspekte dieser Punkte können sowohl in Ihrer, wie auch in der Empfindlichkeit des Gesprächspartners liegen.

Was jetzt für Sie selber gilt, trifft natürlich auch für die Verhandlungspartner zu. Auch diese Partner kommen mit mehr oder weniger bewusst formulierten Zielen in die Verhandlung. Deshalb schliesst eine Vorbereitung auch die Auseinandersetzung mit den Überlegungen des Gesprächspartners mit ein.

Wer die Vorbereitung mittels Zielformulierung nicht macht, schliesst sich von wesentlichen Informationen des Gesprächspartners aus. Der Unvorbereitete wird mit Punkten konfrontiert, die ihn überraschen und dann Stress verursachen. Der Kopf bleibt so nicht mehr frei. Zusätzlich kommt dann meistens noch der Ärger über sich selber hinzu, weil der Betreffende merkt, dass er an bestimmte Punkte und Argumente seines Verhandlungspartners hätte denken können.

Die Zielformulierung kann z.B. in folgenden Situationen eingesetzt werden:

- Spielergespräch
- persönliche Abmachungen
- Aufgabenstellungen an Spieler
- Abmachungen mit den eigenen Vorgesetzten

- Beratergespräche
- Problematische Spieler/Athleten für ganz spezifische zusätzliche Ziele
- Aktionen mit unterschiedlichen Personen, in denen es Klarheit braucht.

Wie wird die "Verhandlungsvorbereitung" eingesetzt?

Die Besprechungsvorbereitung kann bei jeder Besprechung - informell oder formell eingesetzt werden. Es hängt einzig und alleine von Ihrem Willen ab.
WIE sieht die Zielformulierung aus?

Zielformulierung für mein Gespräch

Teilnehmer:_______________________________

Datum/Ort:_______________________________ Sonstiges:___________________________

1. Was ist mein Hauptziel?

2. Welche Punkte könnten/müssen zur Sprache kommen?

3. Welche Entscheidungen könnten/müssen getroffen werden?

4. Was muss ich erreichen?

5. Was muss ich vermeiden?

6. Was muss mein Gesprächspartner erreichen?

7. Was muss mein Gesprächspartner vermeiden?

8. Welche Ziele decken sich?

9. Wo liegen unsere möglichen Zielkonflikte?

10. Wo fehlen noch Informationen?

Teilnehmer: Sticker, Taylor	
Termin/Ort: 14.1. / 11:30h, sein Büro	Sonstige: eigene Unterlagen am 7.1. abgeben
1. Was ist mein Hauptziel bei der Besprechung? • Letzte Abmachungen überprüfen. • Klärung der Spielerbeurteilung. • Nächste Schritte gemeinsam festlegen.	
2. Welche Punkte könnten/müssen zur Sprache kommen? • Klarheit geben, dass der bisherige Weg gut war und die zuletzt getroffenen Abmachungen im Fördergespräch von ihm eingehalten wurden. • Ich will seine Meinung zu meiner Einschätzung haben. • Möglichkeiten aufzeigen. • Will er bleiben? Stimmt sein Zeitplan mit meinem überein.	
3. Welche Entscheidungen könnten/müssen getroffen werden? • Obere Punkte: Termine? Kurse und weitere Aufgaben: Besondere Ausbildungsmassnahmen. • Welche Schwerpunkte sollen gesetzt werden?	
4. Was muss ich erreichen (Mussziel)? • Klarheit und Vertrauen. • Klärung: Steht etwas gegen die Spielerbeurteilung/Laufbahnentwicklung, sowie die verbundenen notwendigen Fördermassnahmen?	
5. Was möchte ich erreichen (Wunschziel)? • Der Spieler schlägt den weiteren Weg selber vor und ist bereit, sich hineinzuknien.	
6. Was muss ich vermeiden? • Ausübung von Zwang. • Es darf nicht auf einen Wunsch nach einem Wechsel hinauslaufen. • Es darf nicht auf Alibimassnahmen oder etwa einen Anspruch auf bestimmte Massnahmen hinauslaufen.	
7. Was möchte ich vermeiden? • Eindruck, mein Ziel mit allen Mitteln erreichen zu wollen.	
8. Was muss mein Gesprächspartner erreichen? • Klare Informationen über unsere Einschätzung von ihm selber. • Klarheit über das weitere Vorgehen, das wir mit ihm planen. • Termine und bereits getroffene Vereinbarungen sich bestätigen lassen.	
9. Welche Ziele decken sich? • Klarheit der Inhalte	
10. Wo liegen unsere mögliche Zielkonflikte? •	

Erfolgreiche Umsetzung der Ziele

Ob das Führen mit Zielen wirklich funktioniert, merken Sie erst dann, wenn "abgerechnet" wird - also beim gemeinsamen Überprüfen der vereinbarten Ziele. Deshalb ist es sinnvoll, das Führen mit Zielen vor den möglichen Ergebnissen her, zu betrachten: Wenn Sie verstehen, was schiefgehen kann, können Sie ableiten, welchen Anforderungen Ziele bzw. Zielvereinbarungen genügen müssen, damit sie funktionieren.

Drei mögliche Ergebnisse sind denkbar:

1. Der Sportler hat das Ziel eindeutig erreicht. Dieser Fall ist in jeder Hinsicht problemlos. Der Trainer kann das Erreichen des Ziels anerkennen - der Sportler freut sich über die Anerkennung.
2. Der Sportler hat das Ziel eindeutig nicht erreicht. Auf den ersten Blick scheint auch dieser Fall relativ einfach (wenn auch von der Sache her unangenehmer): Das sich Trainer und Sportler in der Beurteilung der Sachlage einig sind, geht es "nur noch" um die Frage, welche Konsequenzen sich aus der Verfehlung des Ziels ergeben. Doch kommt es in dieser Situation ganz entscheidend darauf an, mit welcher Frage der Trainer auf die Nachricht von der Zielverfehlung reagiert.
3. Dissens zwischen Trainer und Sportler, ob das Ziel erreicht ist. Dieser Fall ist erkennbar schwierig. Was ist, wenn sich Trainer und Spieler uneinig sind, ob das Ziel erreicht ist? In der Regel geht es nicht um willkürliche Interpretationen, sondern um die Folgen einer von vornherein unklaren Vereinbarung. Offenbar ist bei der gemeinsamen Festlegung des Ziels entweder nicht sauber genug geklärt worden, worin das Ziel eigentlich genau besteht, oder es blieb der Massstab (zu) offen, an dem die Erreichung des Ziels gemessen wird. Diese Situation ist sozusagen der GAU des Führens mit Zielen: Es gibt kein Mittel, das "abgestürzte" Ziel noch zu reparieren. Sie können nur noch versuchen, mit einer Kompromissformel zu retten, was noch zur retten ist - und bei den neuen Zielen durch saubere Operationalisierung dafür sorgen, dass das kein zweites Mal passiert.

Nicht jedes Ziel wird erreicht

Nicht jedes Ziel wird erreicht. Dies ist zunächst eine nüchterne Feststellung ohne jede Dramatik. Denn das Festlegen von Zielen ist ja immer Handeln unter Ungewissheit: Sie mache damit eine Vorhersage darüber, was nach Ihrer Meinung mit den verfügbaren Mitteln in einem gewissen Zeitraum erreicht werden kann. Doch die Welt kann sich ändern...

Angesichts dieser Ungewissheit ist es eigentlich nicht möglich, dass jedes Ziel erreicht wird. Zumindest dann nicht, wenn Sie ambitioniert geplant haben. Man muss sogar umgekehrt sagen: Wenn immer alle Ziele erreicht werden, dann handelt es sich möglicherweise um eine übervorsichtige Planung. Ein solches Verhalten wird geschürt, wenn sich die Vereinsspitze allzu markig gibt, mit Aussagen wie: "Das Verfehlen vereinbarter Ziele wird selbstverständlich Konsequenzen haben!" Angesichts solcher Drohungen setzen diejenigen, die die Ziele erreichen sollen, ihre Ziele stillschweigend zwei Nummern niedriger an ("Angstpuffer").

Zielverfehlung und Konsequenz

Ein Automatismus der Konsequenzen ist daher nur in gut planbaren Feldern sinnvoll. Insbesondere im Bereich persönlicher Entwicklungsziele sollten Sie auf Zielverfehlungen gefasst sein, weil bereits die Zielfindung mit erheblicher Unsicherheit belastet ist.. Wer kann schon sicher sagen, wie gross die subjektive Schwierigkeit eines Entwicklungsziels ist und wie viel Zeit dafür benötigt wird? Das Verfehlen eines Ziels kann nicht nur gute Gründe haben, sondern auch schlechte. Es ist wichtig, das zu klären und gemeinsam mit dem Spieler zu analysieren. Es geht dabei nicht darum, alles zu verstehen und alles zu verzeihen. Wichtig ist vielmehr, diese Auswertungen ohne Konfliktscheu, aber auch ohne Schuldvorwürfe zu führen.

Am Ende muss sich der Trainer ein Urteil bilden: Erscheint ihm die Zielverfehlung angesichts der vorgebrachten Gründe hinnehmbar, handelt es sich vielleicht sogar trotz der Verfehlung des geplanten Ziels um eine gute Leistung, oder ist die Leistung unbefriedigend oder sogar inakzeptabel? Natürlich ist ein solches Urteil nicht frei von Subjektivität - dennoch ist es legitim, wenn es nach sorgfältiger Betrachtung zustande gekommen ist und nach bestem Wissen und Gewissen vorgenommen wird. Deshalb sollte es klar ausgesprochen und zur Grundlage des weiteren Vorgehens - einschliesslich positiver und negativer Konsequenzen - gemacht werden.

Was tun, wenn ein Ziel nicht erreicht wurde?

Wenn ein Sportler sein Ziel nicht erreicht hat, ist die wichtigste Frage nicht die nach den Gründen. Noch wichtiger ist, ob der Athlet seinen Trainer rechtzeitig über die Zielabweichung informiert hat. Deshalb ist es für Trainer, die mit Zielen führen wollen, lebenswichtig, ihre Sportler dazu zu erziehen, dass sie frühzeitig Alarm geben, wenn sich abzeichnet, dass sie ein Ziel nicht erreichen werden. Das haben sie selbst in der Hand - aber an einer unerwarteten Stelle.

Entscheidend ist, wie Sie als Trainer reagieren, wenn Ihnen ein Sportler eine Zielverfehlung meldet. Je nach Ihrer Reaktion lernen die Athleten zwei völlig unterschiedliche Dinge:

Variante A: "Wieso haben Sie das nicht geschafft?!"	**Variante B: "Seit wann wissen Sie das?!"**
Trainer sanktioniert Zielverfehlung - Sportler lernt:	***Trainer sanktioniert unterlassene Rückmeldung - Sportler lernt:***
"Wenn Ziel verfehlt, gibt es sowieso Ärger. Also hinausschieben!"	**"Wenn Feedback unterlassen, gibt es Ärger. Also melden!"**

Entscheidend ist, angesichts einer Zielverfehlung nicht das Dringende mit dem Wichtigen zu verwechseln. Natürlich tut das akute Problem weh - trotzdem ist das Durchsetzen der Regel, dass Zielverfehlungen rechtzeitig gemeldet werden müssen, mittelfristig von sehr viel grösserer Bedeutung. Deshalb muss hierzu das erste Signal gesetzt werden - über die Gründe können Sie später noch sprechen.

Spielregeln für den Umgang mit Zielvereinbarungen

Das Führen eines Teams mit Zielen funktioniert nur dann, wenn einige Regeln beachtet werden. Diese Regeln sollten Sie bei der Einführung fest verankern und im weiteren Verlauf immer wieder betonen.

- **Wer ein Ziel übernimmt, ist voll dafür verantwortlich**
  Das heisst auch, der Sportler ist dafür verantwortlich, auf Zielkonflikte aufmerksam zu machen. Demnach ist es unzulässig, zu argumentieren: "Ich habe das Ziel nicht geschafft, weil Sie mir noch diese Zusatzaufgabe(n) aufgedrückt haben." Dies wird auf Dauer nur dann funktionieren, wenn der Trainer den Hinweis auf Zielkonflikte nicht wegschiebt, sondern gemeinsam mit dem Sportler nach einer Lösung sucht.

- **Wer erkennt, dass ein Ziel nicht erreicht wird, informiert seinen Trainer!**
  Wer Zielverfehlungen erst am Wettkampftag meldet, bringt seinen Trainer in Not, da zu diesem Zeitpunkt Korrekturmassnahmen nicht mehr möglich sind. Deshalb muss die Information frühzeitig erfolgen, sobald absehbar ist, dass das Ziel verfehlt werden wird. Der Trainer muss sich blind darauf verlassen können, dass alles im Plan ist, solange er nichts Gegenteiliges hört. Andernfalls muss er sehr viel Zeit damit verbringen, zu kontrollieren, wo die einzelnen Sportler mit ihren Zielen stehen. Was ineffizient und für alle Beteiligten lästig ist.

- **Rechtzeitiges Feedback bestrafen, heisst rechtzeitiges Feedback unterbinden!**
  Wer auf rechtzeitiges Feedback negativ reagiert, fördert damit ein Verhalten, das ihn in grösste Schwierigkeiten bringt. Deshalb ist es wichtig, als Trainer dem spontanen Impuls zu widerstehen, ärgerlich auf Problemmeldungen zu reagieren.

Die wichtigsten Aussagen im Überblick

- Bereiten Sie jede Besprechung mit dem Arbeitsblatt zur Zielformulierung vor.
- Beantworten Sie die Fragen schriftlich. Reservieren Sie sich dazu Zeit.
- Sammeln Sie Ihre Zielformulierungen. Sie werden bestimmte Inhalte wieder verwenden können.
- Sind Ihre Ziele auch Ihren Spielern, Ihren Mitarbeitern und Ihren Vorgesetzten bekannt und wurden diese von ihnen als sinnvoll und erreichbar akzeptiert?
- Vereinbaren Sie realistische Ziele.
- Achten Sie auf eine Ausgewogenheit von Risiko und Überlastung.
- Investieren Sie in Ihre Spieler, um sie zu befähigen, die geforderten Aufgaben auch erfüllen zu können
- Setzen Sie überschaubare "Nahkampf-Ziele", für die sie mit Ihren Spielern im Konsens Ziel-Wege-Pläne erarbeiten, die sie dann abarbeiten
- Achten Sie sorgfältig auf Engpässe und Risiken in Ihrem Führungsraum, um genau zu wissen, mit welchem Coaching-Stil Sie intervenieren müssen.
- Ziele unterscheiden in Ergebnisziele und Handlungsziele.
- Das Führen mit Zielen funktioniert nur, wenn sich der Trainer darauf verlassen kann, dass er von einer drohenden Zielabweichung frühzeitig erfährt - und zwar so bald, dass korrigierende Eingriffe noch möglich sind.

8. Leistungen richtig anerkennen

Natürlich sollten Sie Ihre Spieler von Zeit zu Zeit loben. Nutzen Sie Lob und Anerkennung als Motivationsfaktor und heben Sie besondere Leistungen Ihrer Spieler besonders hervor.

Aus der Forschung zum Thema Selbstwert ist bekannt: Ein zentraler Faktor unter anderem für die psychische Gesundheit wie für die Motivation ist, sich selbst als wertvoll und wichtig zu erleben. Hierzu gehört auch, in den Augen von anderen Respekt zu geniessen und soziale Anerkennung zu bekommen. Wird dieses Soziale Selbst bedroht, reagiert der Körper genauso mit Stress, wie wenn das physische Selbst bedroht wird.

Mit Lob und Anerkennung tun sich Trainer häufig schwer. Warum eigentlich? Weil Sie selbst nicht von anderer Stelle gelobt werden, können Sie auch Ihre Spieler schlecht loben. Kennen Sie nicht selber das Phänomen, dass Sie leichter Kritik üben, als ein Lob aussprechen? Befürchten Sie nicht auch, dass Ihre Spieler bei Lob gleich arrogant werden? Wenn Anerkennung richtig erteilt wird, darf es nicht zu Arroganz kommen. Vielmehr wird das Selbstwertgefühl des Spielers gestärkt, was ihn wieder motiviert, seine Leistung auf hohem Niveau zu festigen. Anerkennung unterstützt die immensen Anstrengungen, um die sportlichen Ziele zu erreichen. Vergütungsanreize wie Prämien allein bewirken nicht die Bemühungen: "Geld ist nur die halbe Miete".
Das **Anerkennungsgespräch** soll die Leistungen Ihres Spielers würdigen. Das Gespräch hat die Funktion, Rückmeldung zu geben:

Der Spieler muss erfahren, dass seine Leistung und die Zielerreichung zur Kenntnis genommen werden. Die Anerkennung ist aber aufgrund ihres sozialen Charakters eine Möglichkeit, die Zufriedenheit, die allein durch die Erledigung einer Aufgabe entstehen kann, zu potenzieren.

Die wichtigsten Aussagen im Überblick:
• Üben Sie es zu loben. Suchen Sie ganz bewusst erst mal in Ihrem Bekanntenkreis Anlässe, jemandem etwas Nettes zu sagen. • Sie wissen sicherlich, was Lob und Anerkennung bewirken. Der Drang beim Betreffenden wieder gelobt zu werden, stärkt seinen Ehrgeiz. • Jede Anerkennung steigert das Selbstwertgefühl des Spielers und ist daher ein Motivator von ausserordentlicher Bedeutung. • Bei Lob ist auch Vorsicht geboten: der Kollegen-Neid ist fast immer zur Seite, wenn ein Spieler gelobt wird und es andere erfahren. • Keine Angst, dass jemand vor lauter Lob arrogant wird. Das passiert nur, wenn Sie ohne Grund loben.

9. Konflikte

In der Ruhe liegt die Kraft. Geduld und Gelassenheit beugen dem Verlust der Selbstbeherrschung vor.

Die eigentliche Gefahr von Konfrontationen liegt nicht in ihrem Vorkommen als solches, sondern im unwissenden Umgang mit ihnen. Wer es schafft, sich von den üblichen spontanen Handlungs- und Reaktionszwängen zu befreien, sich bei Meinungsverschiedenheiten zurückzunehmen und zunächst

einmal geduldig und gelassen zu reagieren, schont nicht nur seine Kräfte und Nerven, er manövriert sich und seine Interessen auch in die bessere Position.
Nicht zuletzt auch deshalb, weil aus dieser inneren Haltung heraus der Blick auf Menschen, Dinge und Umstände klarer wird und die Gefahr sinkt, in die eigene Bewertungs- und Beurteilungsfalle zu tappen. Spontane Reaktionen bergen immer die Gefahr eingeschränkter selektiver Wahrnehmung und damit das Risiko, wesentliche Aspekte der Situation zu übersehen. Ausserdem verleiten sie zum "Gedankenlesen". Das heisst, zu der meist irrigen Annahme, genau zu wissen, was im Kopf des Gegenübers vorgeht und welche Absichten der andere hat. Das führt zu unrealistischen, irreführenden Annahmen und darauf fussend zu viel zu engen, wenn nicht ganz und gar falschen Reaktionen.

Wütend zu sein ist in Ordnung. Übersehen werden darf nur nicht: Wut blockiert enorm, schränkt Blickwinkel und Handlungsspielräume selbstschädigend ein. Wir können das Verhalten unserer Umgebung durch positive Mittel viel stärker beeinflussen als durch Wut. Zu viel Ärger ist nicht nur ineffizient, er ist ausgesprochen kontraproduktiv! Wenn zwei mit unterschiedlichen Ansichten oder Interessen aufeinandertreffen, reicht es, um die Situation zu entschärfen und Lösungen möglicher zu machen, wenn einer sich nicht in den Strudel der Emotionen hineinziehen und von der Situation gefangen nehmen lässt. Geling ein emotionaler Brückenschlag zu anderen, entspannt sich die Situation meist rasch. Vielfach genügt dazu schon ein einfaches Lächeln. Das wirkt in spannungsvollen oder unerwarteten Situationen entkrampfend. Und auch ansteckend. Sozial gesehen stellt das Lächeln eine Verbindung zu anderen her, bewirkt den Abbau von Aggressionen und Barrieren und erleichtert so den Kontakt.

9.1. Ich-Botschaften senden

Teil 1: Beschreiben von Verhalten	**Teil 2: Konkrete und spürbare Folgen**	**Teil 3: Empfindungen und Gefühle**
Hinweis: Lesen Sie die folgenden Aussagen und bezeichnen Sie jene, die für den Empfänger die wenigsten Vorwürfe enthält.	**Hinweis:** Lesen Sie die folgenden Aussagen und bezeichnen Sie jene, die für den Empfänger konkrete und spürbare Folgen am besten darlegen.	**Hinweis:** Lesen Sie die folgenden Aussagen und bezeichnen Sie jene, die für den Empfänger Ihre Empfindungen am besten darlegen.
1. a.) Wenn ihr die Taktik, die ich verlangte, nicht umsetzt... b.) Wenn eure Abwehr so schlecht organisiert ist, dass ihr euch gegenseitig behindert... c.) Wenn Ihr das heutige Spiel verliert...	1. Wenn ihr die Taktik, die ich verlangte, nicht umsetzt a.) macht ihr bei den Fans einen faulen Eindruck b.) haben wir das Polster nicht, dass wir für die Beendigung der Saison auf dem zweiten Rang benötigen c.) könnte das dem Verein teuer zu stehen kommen.	1. Wenn ihr die Taktik, die ich verlangte, nicht umsetzt, haben wir das Polster nicht, dass wir für die Beendigung der Saison auf dem zweiten Rang benötigen und... a.) ...fühle ich mich von euch im Stich gelassen b.) ...bin unzufrieden c.) ...frage mich, was hier vorgeht.
2. a.) Wenn Du nicht vorausplanen kannst und diese Frist nicht einhältst...	2. Wenn Du die Termine für unser Frühjahrstrainingslager verpasst	2. Wenn Du die Termine für unser Frühjahrstrainingslager verpasst, starten wir

b.) Wenn Du Deiner Terminpflicht nicht nachkommst... c.) Wenn Du den Termin für unser Frühjahrstrainingslager verpasst...	a.) ...starten wir unvorbereitet in die neue Saison. Wir können unser Leistungsziel nicht erreichen und verlieren Punkte in der Tabelle. b.) ...kannst Du Deinen guten Ruf für Zuverlässigkeit verlieren. c.) ...könnte das Mannschaftsziel beeinträchtigt werden.	unvorbereitet in die neue Saison. Wir können unser Leistungsziel nicht erreichen und verlieren Punkte in der Tabelle. a.) Ich fühle mich von Dir bestohlen. b.) Ich fühle mich von Dir unverstanden. c.) Das macht mir Sorgen.
3. a.) Wenn Du feststehende Instruktionen umgehst und auf dem Platz Dein eigenes Ding durchziehst... b.) Wenn Du auf dem Platz Dein eigenes Ding durchziehst, ohne mich vorher zu fragen... c.) Wenn Du Dir das Recht herausnimmst, in Dingen, für die ich verantwortlich bin, Anweisungen zu geben...	3. Wenn Du auf dem Platz Dein eigenes Ding durchziehst, ohne mich vorher zu fragen... a.) ...stört mich das sehr. b.) ...stört es den Informationsfluss c.) ...könnte Unruhe in die Mannschaft kommen und es würde mich viel Zeit und Energie kosten, dies wieder in Ordnung zu bringen.	3. Wenn Du auf dem Platz Dein eigenes Ding durchziehst, ohne mich vorher zu fragen, könnte Unruhe in die Mannschaft kommen und es würde mich viel Zeit und Energie kosten, dies wieder in Ordnung zu bringen. a.) Ich habe das Gefühl, dass hier etwas nicht stimmt. b.) Das beunruhigt mich. c.) Und ich meine, dass Du aufhören solltest, mich zu umgehen.

9.2. Ich-Botschaften formulieren

Ziel:

Bei dieser Übung lernen Sie die dreiteilige Ich-Botschaft zu formulieren.

Ablauf:

- Lesen Sie die beschriebenen Situationen durch.
- Notieren Sie sich eine vollständige Ich-Botschaft mit allen drei Teilen.
- Machen Sie sich klar, dass das entsprechende Verhalten starke negative Gefühle bei Ihnen hervorruft.

	Beschreibung des Verhaltens (Ursachen Ihres Problems)	**Äussere Wirkungen und Konsequenzen**	**Spürbare Empfindungen und Gefühle**
Zu Ihren Aufgaben als Trainer gehört eine graphische Präsentation der Projektsituation. Jedes Mal, wenn Sie an dieser Arbeit sind, kommt Ihr Vorgesetzter	Wenn Sie mich bei jeder Vorbereitung daran erinnern, wie sichtig diese ist	hält das meine Arbeit auf	und das verunsichert und ärgert mich.

(Sportchef) und erinnert Sie daran, wie wichtig die absolute Genauigkeit hier sei.			
Auf dem Trainingsplatz: Einer Ihrer Spieler sagt Ihnen oft, wie langweilig und pedantisch Sie die Trainings leiten. Obwohl er dies immer in humorvoller Weise sagt, reicht es Ihnen jetzt.			
Einer Ihrer Verwandten spricht Sie immer wieder auf Ihren Verein an und gibt Ihnen immer wieder Ratschläge, die Sie nicht wollen.			
Ihr Vorgesetzter (Sportchef) teilt Ihnen nun schon seit Wochen jene Spieler zu, die eingearbeitet werden müssen. Dadurch fühlen Sie sich überarbeitet und ärgern sich über die abnehmende Effizienz innerhalb der Mannschaft. Sie werden Ihren Vorgesetzten nun darauf ansprechen.			
Sie erhalten nach vielen guten Gesprächen bei einem möglichen Arbeitgeber überraschenderweise plötzlich eine kurze Absage.			
Auf einer Behörde war bis anhin nicht bekannt, dass Sie Führungskraft sind. Nachdem dies bekannt wurde, werden die Bediensteten zu Ihnen plötzlich ruppig.			
Im Verein: Einer Ihrer			

Spieler flirtet mit allen Frauen. Er versteht es auch sehr gut, sich um gewisse Trainingseinheiten zu drücken, was wiederum Ihre eigene Arbeit behindert.			
Ein Spieler hält sich nicht an die Taktikvorgaben. Sie hatten ihn schon früher darauf aufmerksam gemacht, jedoch ohne Erfolg.			
Ein minderjähriger Sportler macht wiederholt die Aufgaben nicht und sie erwischen ihn beim Lügen. Sie hatten ihn schon früher verwarnt.			

9.3. Rückmeldung für die Konfrontation (Rollenspiel für 2 Personen)

Ziel:

Dieses Blatt dient dem Beobachter im Konfrontationsrollenspiel. Es informiert den Sender der Konfrontationsbotschaft über seine Fähigkeit, Ich-Botschaften zu senden und auf aktives Zuhören umzuschalten.

Ablauf:

- Kopieren Sie die Seite mit den Konfrontations-Ich-Botschaften in diesem Buch.
- Füllen Sie diese Seite aus.
- Beobachten Sie das Rollenspiel und beurteilen Sie die Wirksamkeit der Konfrontationsbotschaften, indem Sie die Fragebogenanteile gemäss den jeweiligen Hinweisen ausfüllen.
- Am Schluss besprechen Sie Ihre Rückmeldung mit dem Sender der Konfrontationsbotschaften.

Teil 1: Bewerten Sie die Wirksamkeit der Konfrontation in den folgenden Techniken:

	Sehr wirksam	Wirksam	Unwirksam	Nicht vorhanden
Vorwurfslose Beschreibung des Verhaltens	☐	☐	☐	☐
Beschreibung der konkreten, spürbaren Folgen	☐	☐	☐	☐
Passender	☐	☐	☐	☐

Ausdruck der Gefühle				
Umschalten nach Konfrontation	☐	☐	☐	☐

Teil 2: Markieren Sie dem Sender der Konfrontationsbotschaften für jede geäusserte Kommunikationsbarriere einen Strich.

Befehlen
Drohen
Moralisieren
Ratschlag geben
Argumentieren
Urteilen

Loben
Namen austeilen
Analysieren
Beruhigen
Fragen stellen
Ablenken

Teil 3: Fügen Sie den unten aufgeführten Satzanfängen ein bis zwei Beispiele an:

Die Konfrontationsbotschaft war besonders wirksam, als...

Die Konfrontationsbotschaft war weniger wirksam, als...

- Konfrontierende Ich-Botschaften

Ziel:
Sie bereiten sich auf wirksame Konfrontationen vor.

Ablauf:

- Denken Sie an einige Verhaltensweisen anderer Menschen, die für Sie unannehmbar sind, denen Sie entgegentreten und die Sie wenn möglich ändern möchten.
- Nehmen Sie vor allem Situationen aus Ihrem direkten, täglichen Arbeitsbereich.
- Es steht Ihnen aber auch frei, Beispiele aus der Vergangenheit oder aus privaten Beziehungen zu wählen.
- Benutzen Sie für jedes unannehmbare Verhalten ein eigenes Feld und beschreiben Sie
    a. das unannehmbare Verhalten,
    b. die spürbaren Folgen und
    c. die daraus entstehenden Empfindungen
- Verfassen Sie dann eine vollständige 3-stufige-Ich-Botschaft.
- Wählen Sie die Reihenfolge der Stufen frei nach Ihrem Ermessen, und wenn nötig können Sie auch mehrere Sätze aufschreiben.
- Dann bezeichnen Sie jene Ich-Botschaften, die Sie zwecks Verfeinerung bearbeiten möchten.
- Zum Schluss überlegen und entscheiden Sie, wo, wann und mit wem Sie Ihre Konfrontationen ausserhalb dieser Übung in die Tat umsetzen.

Beispiel: Ein ehemaliger Mitarbeiter händigt Ihnen bestimmte Unterlagen nicht aus, die Sie aber unbedingt benötigen.

Beschreibung des Verhaltens (Ursachen Ihres Problems)	**Äussere Wirkungen und Konsequenzen**	**Spürbare Empfindungen und Gefühle**
Wenn ich Ihre schriftlichen Unterlagen nicht bis Ende vom Monat habe,	Bekomme ich eine Sperrfrist mit finanziellen Folgen	Und das ärgert mich!

Beschreibung des Verhaltens (Ursachen Ihres Problems)	**Äussere Wirkungen und Konsequenzen**	**Spürbare Empfindungen und Gefühle**

9.4. Weitere Hilfsmittel

Credo

Du und ich, wir stehen in einer Beziehung zueinander, die ich schätze und fortführen möchte. Wir sind jedoch zwei verschiedene Menschen mit besonderen Interessen und dem Recht, diese Interessen zu befriedigen.

Wenn du Probleme hast, deine Bedürfnisse zu befriedigen, will ich versuchen, dir zuzuhören und ich wirklich zu akzeptieren, um es dir leichter zu machen, deine Lösungen selbst zu finden, statt dich von meinen abhängig zu machen. Ich will auch versuchen, dein Recht zu achten, eigene Überzeugungen und eigene Wertvorstellungen zu entwickeln, wie verschieden sie auch immer von den meinen sein mögen.

Wenn sich aber dein Verhalten mit den Dingen nicht verträgt, die ich tun muss, um meine Bedürfnisse zu befriedigen, will ich dir das offen und ehrlich mitteilen. Ich will dir sagen, warum dein Verhalten mich stört, und dabei darauf vertrauen, dass du meinen Bedürfnissen und Gefühlen Achtung entgegen bringen und versuchen wirst, das Verhalten zu verändern, das ich nicht akzeptieren kann. Ich hoffe auch, dass du mir offen und ehrlich sagen wirst, wenn irgend etwas an meinem Verhalten für dich nicht akzeptabel ist, so dass ich versuchen kann, mein Verhalten zu verändern.

Stellen wir fest, dass keiner von uns sich verändern kann, um den Bedürfnissen des anderen zu genügen, wollen wir uns eingestehen, dass wir Konflikte haben.

Wir wollen uns dazu verpflichten, jeden solchen Konflikt zu lösen, ohne dass einer von uns seine Zuflucht zur Macht oder Autorität nimmt, um zu gewinnen, während der andere verliert. Ich achte deine Bedürfnisse, aber ich muss auch meine eigenen achten. Deshalb wollen wir uns stets bemühen, nach einer Lösung zu suchen, die wir beide akzeptieren können. Dann werden deine Bedürfnisse ebenso wie meine befriedigt sein.

Thomas Gordon

10. Besprechungsmanagement

Eine professionelle Besprechung zeichnet sich durch folgende Merkmale aus:

1. **Klare Stellungnahme.** Der Sportler hat das Recht, klar und ohne Verschleierung zu erfahren, wie er beim jeweiligen Kriterium von seinem Trainer gesehen wird.
2. **Begründet statt dogmatisch.** Partnerschaftlichkeit heisst, das eigene Urteil für den Sportler nachvollziehbar zu machen: Welche Fakten / Beobachtungen führten mich zu meiner Aussage?
3. **Beschreibend statt bewertend.** Damit Sie den Athleten erreichen, müssen Sie sein Verhalten ebenso wie dessen Auswirkungen möglichst genau beschreiben. Je präziser und detaillierter Ihre Beschreibung ist, desto weniger ist Ihr Gegenüber auf Spekulationen angewiesen, und desto klarer wird sein Bild von dem fraglichen Verhalten und seinen Folgen.
4. **Wohlwollend statt bestrafend.** Feedback wird instinktiv nur dann angenommen, wenn andere eine wohlwollende Gesinnung dahinter spüren. Jeder Versuch, den anderen mit einem Feedback kleiner zu machen oder zu bestrafen - gleich ob bewusst oder "unbewusst", macht aus der Beurteilung eine feindselige Handlung. Feedback verdient diese Bezeichnung nur dann, wenn es dazu da ist, den anderen grösser zu machen. Voraussetzung ist, dass die persönliche Beziehung frei von "offenen Rechnungen" ist.
5. **Direkt statt Darum-Herum.** Feedback ist wirksamer, wenn es ohne falsche Relativierungen, Entschuldigungen und Beschwichtigungsgesten direkt auf den Punkt kommt. Menschen sind durchaus bereit und in der Lage, klare und direkte Aussagen zu ertragen, wenn sie spürbar aus einer wohlwollenden Gesinnung kommen. Schädlich sind in diesem Zusammenhang nur Vergröberungen, Verallgemeinerungen und - siehe Punkt 3 - Bewertungen.

Kommunikation unangenehmer Wahrheiten

Die letzte Regel gilt ganz besonders auch dann, wenn es notwendig ist, dem Sportler eine "harte Wahrheit" mitzuteilen. Durch "Herumeiern", Verschleierungen und Verbrämungen machen Sie es weder dem Athleten noch sich selbst angenehmer, unangenehme Dinge auszusprechen. Sie verscherzen sich allenfalls seinen Respekt, wenn Sie sich so winden und eine lächerliche Figur abgeben. Am besten ist, einfach die Wahrheit zu sagen - ohne Feindseligkeit, ohne Übertreibung, aber auch ohne Umschweife.

Beachten Sie:
• Keine Ironie • Keine Andeutungen • Keine Verallgemeinerungen ("Sie machen immer / nie ...") • Keine Interpretationen ("Sie machen das nur, um ...")

Der folgende Abschnitt enthält Tipps, Checklisten und Werkzeuge für Sie zur Vorbereitung und Durchführung von erfolgreichen Besprechungen. Jedes Gespräch wird einen andren Verlauf nehmen, es ist daher für Sie von Vorteil, Ihre Gesprächsführung der jeweiligen konkreten Gesprächssituation anzupassen.

Besprechungen

	Verhaltensweisen	Werkzeuge
Vorbereitung	• Flugplan erstellen • Ziele formulieren • Stimmt die Gruppengrösse? • Die Verwendung von Medienhilfen • Tagesordnung • Vorbereitung für die Teilnehmer	•Notwendigkeit der Besprechung klären • Besprechungstyp klären • Der Flugplan • Projektkarten • Ziele formulieren • Gesprächsdialektik • Wer soll teilnehmen? • Die Verwendung von Medienhilfen • Präsentationsverhalten • Tagesordnung • Beispiele für Agenda • Kurzleitfaden: Effektive Meetings • Spielerblatt • Letzter Check-Up für die Vorbereitung
Durchführung	• Einleitung der Besprechung • Aufgaben als Moderator / Besprechungsleiter • Entscheidungen treffen • Zeit und Effizienz gewinnen • Konfliktmanagement • Schwierige Teilnehmer • Feedbackregeln • Kreativitätstechniken • Teilnehmerverhalten während der Besprechung	• Konfliktmanagement • Fragetechniken zur Beschleunigung • Zuhörhilfen • Verwendung visueller Medien • Boxenstopp
Nachbereitung	• Protokoll • Nachbereitung für die Teilnehmer	• Protokoll

10.1. Besprechungs-Check

			1	2	3	4	5	6	
1.	Mein Ablauf zum Einberufen von Besprechungen ist:	unklar	☐	☐	☐	☐	☐	☐	klar
2.	Die Ziele unserer Besprechungen sind:	unklar	☐	☐	☐	☐	☐	☐	klar
3.	Die Ziele für Besprechungen sind schriftlich formuliert, oder wir legen eine Tagesordnung fest:	selten	☐	☐	☐	☐	☐	☐	üblich
4.	Alle Teilnehmer können vor der Besprechung eigene Tagespunkte hinzufügen:	selten	☐	☐	☐	☐	☐	☐	üblich
5.	Besprechungen beginnen und enden pünktlich:	selten	☐	☐	☐	☐	☐	☐	üblich
6.	Jeder, der teilnehmen sollte, tut dies auch:	selten	☐	☐	☐	☐	☐	☐	üblich
7.	Wir haben einen Besprechungsleiter, der Konsens herstellt:	selten	☐	☐	☐	☐	☐	☐	üblich
8.	Beschlüsse werden protokolliert:	selten	☐	☐	☐	☐	☐	☐	üblich
9.	In unseren Besprechungen herrscht eine positive Atmosphäre:	selten	☐	☐	☐	☐	☐	☐	üblich
10.	Die Teilnehmer erhalten ausreichend Zeit für Ihre Beiträge:	selten	☐	☐	☐	☐	☐	☐	üblich
11.	Während den Besprechungen werden Themen und Sachverhalte klar zusammengefasst:	selten	☐	☐	☐	☐	☐	☐	üblich
12.	Die Besprechungen konzentrieren sich auf Problemlösungen, nicht auf Schuldzuweisungen:	selten	☐	☐	☐	☐	☐	☐	üblich
13.	Der einzelne Teilnehmer erhält Feedback zur Sachdienlichkeit seiner Beiträge:	selten	☐	☐	☐	☐	☐	☐	üblich
14.	Getroffene Beschlüsse werden bei der nächsten Besprechung überprüft:	selten	☐	☐	☐	☐	☐	☐	üblich
15.	Die Zeit in Besprechungen wird optimal genutzt:	selten	☐	☐	☐	☐	☐	☐	üblich
16.	Besprechungen werden auf mögliche Verbesserungen überprüft:	selten	☐	☐	☐	☐	☐	☐	üblich
17.	Die Methoden, um externe Instanzen, Personen und Abteilungen über getroffene Beschlüsse zu informieren sind:	unklar	☐	☐	☐	☐	☐	☐	klar

10.2. Vorbereitung

10.2.1. Notwendigkeit der Besprechung klären

Beantworten Sie sich folgende Fragen!	ja
6. Rechtfertigen die anstehenden Aufgaben den Zeit-, Kosten- und Materialaufwand?	☐
7. Die Themen, Aufgaben und Probleme sind für die ausgewählten Teilnehmer relevant?	☐
8. Kann der Informationsbedarf nur durch eine Besprechung gelöst werden?	☐
9. Kann die Gruppe das anstehende Problem unvorbereitet lösen?	☐
10. Steht genügend Zeit für eine strukturierte Besprechung zur Verfügung?	☐
11. Alle Beteiligten können einen Nutzen aus der Besprechung ziehen?	☐
12. Es ist genügend Zeit für fachlichen wie auch menschlichen Austausch?	☐
13. Eine schriftliche Information aller Teilnehmer ist nicht rationeller?	☐
14. Die Besprechung hat für jeden einen inhaltlichen Nutzen?	☐
15. Die Besprechung macht Ihnen als Leiter und den Teilnehmern Spass?	☐
16. Entscheidung erfordert die Urteilskraft mehrerer Personen und blosses Abwägen oder ruhiges Überlegen reicht nicht aus, um diese Entscheidung zu fällen?	☐
17. Sammeln von Ideen verbessert die Qualität der Entscheidung oder Massnahmen (z.B. Aktionen zur Neuakquise)?	☐
18. Die Akzeptanz einer Entscheidung wird durch Ihre Erläuterung erhöht (z.B. gilt es eine unangenehme Entscheidung umzusetzen - Sie wissen, dass hier die schriftliche Mitteilung Ärger macht)?	☐
19. Vielschichtige Probleme erfordern verschiedenste Fähigkeiten oder sogar Spezialisten?	☐
20. Bei bilateralen Besprechungen: Ihr Gesprächspartner nennt nicht nur Probleme, sondern er bringt auch Lösungen (keine Rückdelegation oder fishing for compliments)?	☐

10.2.2. Besprechungstyp klären

Besprechungstyp	Inhalt	ja
Anordnende Besprechung, Befehlsausgabe	1. **Ziele:** Gezielte Handlungen; Leiterzentrierte Arbeitsatmosphäre mit viel Kontrolle 2. **Beteiligte:** Leitender Trainer; Mitarbeiter des Trainers	☐
Information	1. **Ziele:** Reine Information durch Trainer 2. **Beteiligte:** Trainer; Team; Staff	☐
Verhandlungen, gemischter Stil	1. **Ziele:** Kompromissfindung 2. **Beteiligte:** Personen/Gruppe mit klaren und unterschiedlichen Zielen; Einigung aufgrund von gegenseitiger Abhängigkeit	☐
Moderation, kollegiales Meeting, partnerschaftlicher Stil	1. **Ziele:** Erarbeitung praktikabler Lösungen; Lösung über rationales Vorgehen und Verständnis 2. **Beteiligte:** Anerkannter Moderator; alle Beiträge werden gleich gewichtet.	☐
Kommission, partnerschaftlicher Stil	1. **Ziele:** Kollektive Verantwortung für alle Bewertungen und Entscheidungen 2. **Beteiligte:** Vorsitz; Vertreter versch. Körperschaften	☐
Beratung zu Sachproblemen, partnerschaftlicher Stil	1. **Ziele:** Problemlösung; Ideensammlung; gemeinsame Erarbeitung von Lösungsansätzen 2. **Beteiligte:** Trainer, ausgewählte Mitarbeiter, Berater	☐
Persönliches Spielergespräch	1. **Ziele:** Meinungsdarstellung; Rückmeldung Vorgesetzter an Mitarbeiter; Ziele setzen 2. **Beteiligte:** Trainer, Spieler	☐
Schulung, verschiedene Führungsstile, Lehrerzentriert	1. **Ziele:** Erlernen und Erarbeiten von Inhalten; klare Aufgabenteilung 2. **Beteiligte:** Trainer/Coach: Trainer/Spieler	☐

10.2.3. Flugplan erstellen

Wie erstelle ich einen Flugplan?

1. Besorgen Sie eine **Korkplatte**. Schreiben Sie Flugplan als Überschrift darauf.
2. Legen Sie darunter fünf **Spalten** an. Von links nach rechts lauten die Spaltenüberschriften: "Fertig zum Start", "fliegt", "Schwierigkeiten", "SOS", "sicher gelandet".
3. Lassen Sie für verschiedene Projekte verschiedenfarbige **Projektkarten** anlegen. Stellen Sie ausreichend viele Karten rechts neben dem Flugplan zu Verfügung.
4. Hängen Sie den Flugplan **gut sichtbar** an einem Ort auf, der von den Mitarbeitern häufig frequentiert wird.

Der Flugplan

Flugplan				
Fertig zum Start	Fliegt	Schwierigkeiten	SOS	Sicher gelandet

Projektkarten

Projekt:____________________________	
Projektpilot:______________	**Ende bis:**______________
Abteilung:______________	**Telefon:**______________

10.2.4. Ziele formulieren

Teilnehmer:______________________________

Datum/Ort:________________ Sonstiges:____________________

1. Was ist mein Hauptziel?
____
2. Welche Punkte könnten/müssen zur Sprache kommen?
____
3. Welche Entscheidungen könnten/müssen getroffen werden?
____
4. Was muss ich erreichen?
____
5. Was muss ich vermeiden?
____
6. Was muss mein Gesprächspartner erreichen?
____
7. Was muss mein Gesprächspartner vermeiden?
____
8. Welche Ziele decken sich?
____
9. Wo liegen unsere möglichen Zielkonflikte?
____
10. Wo fehlen noch Informationen?
____

S	**Speziell** Welcher Zielraum? Welche Beurteilungskriterien? **Wohin?**	
M	**Messbar** Welches messbare Verhalten? Wie viel % mehr oder weniger? **Welches quantitative/qualitative Ergebnis?**	
A	**Akzeptabel** Welches Vorgehen? Welche Methoden? **Wie?**	
R	**Realistisch** **Warum?**	
T	**Terminiert** **Wann?**	

10.2.5. Gesprächsdialektik

Stoffsammlung	*Teil A*
1. Fazit	
2. meine Meinung	
3. Gegenmeinung	
4. Gegenmeinung ist unbegründet, weil...	
5. Erfahrungen / Probleme	
6. Folgen	

Gesprächsablauf	*Teil B*
1. Thema	
2. Erfahrungen / Probleme	
3. Folgen	
4. Meine Meinung	
5. Gegenmeinung	
6. Gegenmeinung ist unbegründet, weil...	
7. Also: FAZIT	

10.2.6. Wer soll teilnehmen?

Kriterium	ja
21. Jeder der Anwesenden hat eine dem Besprechungsziel dienende Funktion.	□
22. Jeder Teilnehmer weiss über die an ihn gestellten Erwartungen Bescheid.	□
23. Es braucht spezielles Wissen, das die Teilnehmer entweder mitteilen oder ich oder Spezialisten ihnen mitteilen werde.	□
24. Die Präsentation von Fakten, Informationen und Meinungen durch bestimmte Personen ist erforderlich, weil deren Beschaffung auf anderem Wege zu viel Zeit in Anspruch nehmen würde.	□
25. Die Koordination mit anderen Abteilungen ist erforderlich.	□
26. Es nehmen nur solche teil, die selber davon profitieren können und wollen und/oder eine klare Aufgabe in und/oder nach der Besprechung zu erfüllen haben.	□
27. Mit den Beteiligten werden eher Lösungen als faule Kompromisse erreicht.	□
28. Mit den Beteiligten werden Probleme durch- und nicht wegdiskutiert.	□
29. Wichtige Punkte werden von einigen nicht vergessen/ignoriert, sondern angesprochen, obwohl diese unbequem sind.	□
30. Ich schaffe Klarheit, wer Verantwortung für Folgen bestimmter Entscheidungen trägt.	□
31. Mit allen werden Entscheidungen beschleunigt.	□
32. Die Sitzung ist eine wertvolle Zeit für alle Beteiligten.	□
33. Die Gruppe und das Wir-Gefühl wird gestärkt.	□
34. Schwache Mitglieder werden von stärkeren mitgezogen.	□
35. Die Stärken Einzelner können für alle ohne Neid genutzt werden.	□
36. Mein Einfluss als Führungskraft wird verbessert.	□
37. Einzelne nehmen nicht teil und es hat keine motivationalen oder fachlichen Konsequenzen.	□
38. Chronische Störer können integriert oder ohne Schaden eliminiert werden.	□
39. ...	□
40. ...	□

10.2.7. Stimmt die Gruppengrösse?

- Beachten Sie die **Idealgrösse** einer Gruppe. Sie liegt bei fünf bis sieben Teilnehmern.
- Ihre Besprechung wird **unübersichtlich**, wenn mehr als zehn teilnehmen.
- Lassen Sie Teilnehmer, die nur einen kleinen Beitrag leisten nach dem Vortrag wieder an Ihren **Arbeitsplatz zurückkehren.**
- Ihre Besprechung ist **erfolgreicher**, wenn weniger Teilnehmer da sind.
- Führen Sie grössere Besprechungsgruppen **straffer** und **zeitbewusster.**

10.2.8. Die Verwendung von Medienhilfen

- Komplizieren Sie als Präsentierender die Dinge nicht.
- Verwenden Sie klar verständliche Worte und Symbole.
- Verwenden Sie Farben sparsam und sinnvoll.
- Achten Sie auf die Wirkung von Lichtverhältnissen und die Entfernung von Bild und Betrachter. Falls Schrift zu Einsatz kommt: Lesbarkeit (Schriftgrösse) prüfen.
- Verwenden Sie einfache Mittel, wenn diese den Zweck erfüllen.
- Vermeiden Sie zu lange Präsentationszeiten.
- Sorgen Sie für angepasste und verlässliche Präsentationsgeräte (Ersatzbirnen!).
- Beim Einsatz eines Overhead-Projektors: Immer wieder abschalten (Laufgeräusch stört). Helligkeit ermüdet.

Wichtige Faktoren beim Einsatz von Medien	ja
41. Mir ist klar, welchen Punkt ich deutlich machen will.	□
42. Welche Hilfe mir die Veranschaulichung dieses Punktes bringen wird, ist mir bewusst.	□
43. Ich weiss, ob ich visuelle, akustische, mechanische oder manuelle Methoden einsetzen werde.	□
44. Über die Ausgaben bin ich mir im Klaren.	□
45. Ich kenne die Vorbereitungszeit und das Kosten-Nutzen-Verhältnis.	□
46. Ich kenne die räumliche Situation und kann einschätzen, wie die geplanten Hilfsmittel dort zur Geltung kommen.	□
47. Ich kann das Wissen und die Aufnahmefähigkeit des Publikums in etwa einschätzen.	□

10.2.9. Präsentationsverhalten

Treten Sie vor einer Gruppe sicher auf?	**ja**
1. Nonverbale Kommunikation	
48. Ich suche Blickkontakt.	☐
49. Ich lächle an den passenden Stellen.	☐
50. Ich zeige eine "gerade" und "unverknotete" Körperhaltung (z.B. Kopf, Oberkörper).	☐
51. Ich zeige meinem Gesprächspartner meine Hände.	☐
52. Meine Handbewegungen sind flüssig und gerade.	☐
53. Ich arbeite Muskelanspannungen durch kurze körperliche Belastung ab.	☐
54. Ich stehe auf beiden Füssen. Ich wickle sie nicht um den Stuhl und knicke die Fussspitzen nicht ab.	☐
55. Ich bewege mich ruhig und tanze nicht.	☐
56. Ich nutze den Raum aus, gehe umher.	☐
2. Stimme und Sprechweise	
• Ich wähle eine der Situation angemessene Lautstärke.	☐
• Ich habe ein Sprechtempo, das mitdenken lässt.	☐
• Ich gebe Pausen zum Nachdenken.	☐
• Ich übe immer wieder meine klare Ausspreche.	☐
• Ich verwende wenig Fachausdrücke und Fremdwörter.	☐
3. Verhalten zum Gesprächspartner	
• Ich fühle mich in den anderen hinein.	☐
• Ich akzeptiere den anderen als Kommunikationspartner.	☐
• Ich versuche ihn zu verstehen.	☐
• Ich suche den Konsens.	☐

• Ich lasse ausreden.	☐
• Ich höre aktiv zu.	☐
• Ich spreche meinen Gesprächspartner mit Namen an.	☐
• Ich reagiere tolerant und freundlich.	☐
4. Inhalt der eigenen Aussagen verbessern	
• Ich bin innerlich vorbereitet und weiss, was ich will.	☐
• Ich gliedere meine Aussagen und strukturiere sie.	☐
• Ich gehe konzentriert und ungestört von äusseren Umständen vor.	☐
• Nach Abschluss eines Themas gebe ich eine Zusammenfassung.	☐
• Ich behalte den roten Faden.	☐
5. Individuellen Unsicherheiten begegnen *	
• Es ist mir nicht unangenehm, vor einer Gruppe von Leuten zu stehen.	☐
• Ich begegne meiner Angst, ausgelacht zu werden.	☐
• Ich fühle mich nicht als Anbieter einer nutzlosen Information.	☐
• Nach Abschluss eines Themas gebe ich eine Zusammenfassung.	☐
• Unmotivierte Teilnehmer/innen bringen mich nicht aus dem Konzept.	☐
• Ich kann Themen vertreten, die auf Widerstand stossen.	☐
• Bei heftigem Wiederspruch, lasse ich die Veranstaltung nicht kippen.	☐
• Ich habe keine Angst, nicht die richtigen Worte zu finden.	☐

*** bitte beantworten Sie nur die Punkte, die für Sie von Belang sind.**

10.2.10. Tagesordnung

Checkliste Tagesordnung
• Legen Sie Besprechungen so früh wie möglich fest.
• Je weiter im voraus geplant wird, desto berechenbarer sind die Termine für alle Teilnehmer.
• Legen Sie die Zeitdauer der Besprechung immer genau fest und disziplinieren Sie sich und andere dabei.
• Planen Sie überschaubare Zeitabschnitte.
• Planen Sie Pufferzeiten mit ein.
• Planen Sie auf jeden Fall schriftlich und geben Sie die vereinbarten Termine auf einer Liste den Betroffenen.
• Bestimmen Sie den zeitbedarf für jedes Thema sofort, sobald Sie davon Kenntnis erhalten oder wenn Sie es selber festsetzen.
• Wenn Teilnehmer nicht zu allen Besprechungspunkten anwesend sein müssen: Planen Sie zusammen die Präsenzzeiten.
• Stimmen Sie Ihren Zeitplan mit allen an Ihrem Aufgabengebiet Beteiligten ab.
• Fassen Sie gleichartige Besprechungspunkte zusammen.
• Bündeln Sie kleinere Besprechungspunkte, welche sich keinem der schon bestehenden Tagesordnungspunkte zuordnen lassen.
• Vergleichen Sie die bereits benötigte Zeit mit der noch zur Verfügung stehenden. Eliminieren Sie bei Zeitnot Punkte mit niedriger Priorität.
• Bündeln Sie Besprechungen: So, dass Ihnen einerseits genügend Zeit zwischendrin zur Vorbereitung auf die nächste bleibt und so, dass sich andererseits auch keine unnötigen Leerzeiten ergeben.
• Wählen Sie für Ihre Besprechungen den Ort, der allen Anforderungen entspricht und zugleich innerhalb kürzester Zeit zu erreichen ist. Wegzeiten sind meistens Leerzeiten. Durch Wanderschaft und An- und Abreise gehen Stunden verloren.
• Legen Sie Listen an für alles, was Ihre unterschiedlichen Besprechungen betrifft. Sie behalten so einen Überblick über das zu Erledigende und über die möglichen Störfaktoren darin.

Wie gehen Sie bei der Erstellung der Tagesordnung vor?

1. Wie gehen Sie organisatorisch vor?

- Sobald Sie einen Termin für die Besprechung vereinbart haben, beginnen Sie mit der Materialsammlung. Idealerweise legen Sie sich dazu einen **Besprechungsplan** an.
- Sie tragen sich einen Termin ein, an dem Sie die Besprechung endgültig **vorbereiten**.
- Eine Woche vor dem Termin erstellen Sie den Plan und **senden** ihn den **Gesprächspartnern** mit der Angabe eines Termins zur Rückmeldung zu.
- Sie **sichten** das **rückgekommene Material** und integrieren es. Sie verschicken die fertigen Unterlagen an die Teilnehmer.

2. Wie gehen Sie inhaltlich vor?

- Sammeln Sie zunächst die **wichtigen** und dringlichen **Themen.**
- Identifizieren Sie anschliessend **Routineangelegenheiten.** Setzen Sie diese an den Anfang der Tagesordnung.
- Schliessen Sie jetzt **Punkte** an, die bei der letzten Besprechung **offengelassen** wurden.
- Bringen Sie die wichtigen Themen, die sie zu Beginn identifiziert haben, in eine **logische Reihenfolge.** Die wichtigsten nehmen Sie nach vorne.
- Führen Sie **"Themen der nächsten Besprechung"** als einen separaten Punkt auf.

3. Wie gehen Sie formal vor?

- Nennen Sie **Datum, Zeit, Ort, Teilnehmer** und das **Thema** der Besprechung.
- Findet eine Besprechung **regelmässig** statt, sollten sich alle Teilnehmer frühzeitig auf einen **Besprechungskalender** einigen.
- Dieser kann als **Teil des Protokolls** jedem zugestellt werden.
- **Nummerieren** Sie die einzelnen Punkte durch. Jeder Besprechungspunkt muss - nach **Prioritäten** geordnet - nummeriert sein.
- Vermeiden Sie Verwirrung! Falls Sie die Tagesordnung mit einer Einladung verbinden, setzen Sie beides deutlich voneinander ab.
- Flüchtigkeits- und **Tippfehler** machen keinen guten Eindruck!

Besprechungsplan

Anlass, Zielsetzung:

Tag und Zeitpunkt: **Dauer:**

Raum: **Bereits reserviert: ja/nein**

Besprechungsteilnehmer:

Mitarbeiter, die zum Zeitpunkt der Besprechung an ihrem Platz telefonisch erreichbar sein müssen, um Einzelfragen zu beantworten:

Tagesordnung / Besprechungspunkte: **Welche Informationen müssen bei der Besprechung erteilt werden?**

1. Routinefragen:

2. Offene Punkte der letzten Besprechung (Protokoll vom...)

3. Neue Punkte (a bis x):

4. Themen der nächsten Besprechung:

5. Welche Fragen sind zu klären?

6. Welche Unterlagen und Hilfsmittel werden benötigt? (Berichte, Anschauungsmaterial, Flip-Chart, OH-Projektor, Stecktafel)

Protokollführer:

Datum: **Einladende Stelle:** **Unterschrift:**

Anlage: Protokoll der Besprechung vom...

10.2.11. Vorbereitung für die Teilnehmer

Verhalten vor der Besprechung
1. Bereiten Sie sich in zweckmässiger Weise auf die Besprechung vor!
• Lesen Sie das Protokoll der letzten Besprechung durch und prüfen Sie selbst, ob Sie alle darin an Sie gerichteten Aufgaben erledigt haben.
2. Notieren Sie sich die Tatsachen oder Fragen, die Ihnen in Zusammenhang mit dem Besprechungsthema einfallen.
3. Was ist das Wichtigste in der Besprechung?
• Welche Schwierigkeiten und Störungen aus Ihrem eigenen Bereich müssen Sie vortragen, um im Interesse des Ganzen Klarheit zu schaffen? Schutzbehauptungen und unhaltbare Versprechungen können nie eine Basis für eine gewinnbringende Zusammenarbeit sein.$ • Nehmen Sie sich zur Vorbereitung die bereits vorhandene Einladung mit den Tagesordnungspunkten vor. • Überlegen Sie sich: Welche der Schwierigkeiten, die Ihnen durch Fehler anderer Abteilungen entstehen, sollten Sie besser im kleinen Kreis erörtern und welche sollten offen mit allen Teilnehmern diskutiert werden, um gemeinsam Abhilfe zu schaffen? Planen Sie genau, welche Punkte Sie zur Sprache bringen müssen.
4. Planen Sie Ihre Zeit so, dass sie pünktlich sein können und sorgen Sie vor, damit Sie selbst in der Besprechung nicht gestört werden (z.B. durch Anrufe und Kunden).
5. Wenn Sie selbst nicht an der Besprechung teilnehmen können, informieren und instruieren Sie Ihren Stellvertreter!
6. Entscheiden Sie:
• Gehen Sie in eine Besprechung, obwohl Sie keine Einladung oder keine • oder keine Info haben? ja/nein.

10.2.12. Beispiele für Agenda

Beispiel Agenda 1 - Einzelgespräche

Besprechung am: 2. Oktober im Büro Wiesenstrasse 6

Teilnehmer: Dr. Max Baum, Laura Bert, Moritz Still

Thema	Ergebnis	Wer	Termin

Kalender:
• Termine mit Coaches
  o Hr. Katze
  o Hr. Hund
  o Hr. Vogel
  o Hr. Gilse (Anreise am 15. Okt., Coaching 16. Okt. und 17. Okt. bis 12:00h)
  o Sonstige offene Termine an DW
• Nächste Woche
	Werden mit DW, Coaches direkt vereinbart	Max Baum	14.10.

Balancing: Email Fr. Kuhn, wer macht was bis wann	Überarbeiten wie im Mail vorgeschlagen	Max Baum Laura Bert	14.10.
Spieler für uns: ? Frau Lien Termin mit Bewerber	Gespräch mit Fr. Lien ist offen; WV nächste Besprechung	Laura Bert	
Reisen planen	Flüge für Hamburg	Laura Bert	
Arbeitsmappen Max Baum (gelb, blau)	Abarbeiten	Max Baum	
Auftrag Ralph: was müssen wir da tun?		Moritz Still	
DSL Anschluss?	Neu installieren: H. Döring	Moritz Still	
Unterlagen Hr. Buch	Prüfen, an Notar weiterleiten	Max Baum Laura Bert	
Finanzübersicht / -planung 2017	Prüfen	Max Baum Laura Bert	
Finanzplanung 2018	Prüfen	Max Baum Laura Bert	

Beispiel Agenda 2 - Konfliktgespräche

<table>
<tr><td>Thema:
Ort:</td><td colspan="4">Besprechungsziel: Lösungsentscheid
Teilnehmer:
Zeit:</td></tr>
<tr><th>Was</th><th>Wie</th><th>Bis wann</th><th>Wer</th><th>Dauer / Aufwand</th></tr>
<tr><td rowspan="2">1. Problem / Aufgabe
Ursachen

Wirkungen</td><td>Lösungsvorschlag 1
Vorteile

Nachteile</td><td></td><td></td><td></td></tr>
<tr><td>Lösungsvorschlag 2
Vorteile

Nachteile</td><td></td><td></td><td></td></tr>
<tr><td>2. Problem / Aufgabe
Ursache

Wirkungen</td><td></td><td></td><td></td><td></td></tr>
</table>

Beispiel Agenda 3 - Teammeeting

<table>
<tr><td colspan="2">Thema: wöchentliches Teammeeting
Ort:
Zeit:</td><td colspan="4">Besprechungsziel: gleicher Infostand
Teilnehmer:</td></tr>
<tr><th>Zeit</th><th>Was</th><th>Ergebnis</th><th>Wer</th><th>Dauer</th><th>Bis wann</th></tr>
<tr><td></td><td>1. Rückblick / Ausblick</td><td>Info</td><td>Alle</td><td>5'</td><td></td></tr>
<tr><td></td><td>2. Vorgesetzteninfo</td><td>Info</td><td>Vg</td><td>10'</td><td></td></tr>
<tr><td></td><td>3. Projekt xy</td><td>Entscheid</td><td>Vg / Alle</td><td></td><td>5.11.</td></tr>
<tr><td></td><td>4. Kurzpräsentation Neues Tool</td><td></td><td></td><td></td><td></td></tr>
</table>

10.2.13. Kurzleitfaden: Effektive Meetings

Besprechungen

1. Planung:

Die Ziele des Meetings im voraus festlegen und Klarheit darüber schaffen, was das Meeting tatsächlich bezwecken soll.

a) Warum

b) andere wissen lassen

2. Information:

Alle Teilnehmer rechtzeitig und ausreichend über Sinn und Zweck des Meetings informieren.

a) Was

b) Wieso

c) Erwartungen

d) Welche Information

3. Vorbereitung:

Eine Agenda erstellen und so gestalten, dass den wichtigsten Themen die meiste Zeit gewidmet wird (Sich klar darüber sein, welche Folgen es hat, *scheinbar* wichtigen Themen mehr Zeit zu widmen als den tatsächlich wichtigen).

a) Zusammenhänge feststellen

b) sortieren nach Dauer

c) Wichtiges zuerst

4. Steuerung:

Die Diskussion der einzelnen Punkte so gestalten und steuern, dass die Beiträge stets der Sache dienlich sind. Nicht auf bereits besprochene Punkte zurückspringen. Nur gesamtheitlich diskutieren und keine Nebengespräche zulassen. Unstimmigkeiten unter den Teilnehmern sachlich behandeln und nach Möglichkeit klären.

a) Phasen einteilen

b) Phasen einhalten

5. Zusammenfassen und aufschreiben:

Alle Ergebnisse und Beschlüsse zusammenfassen und protokollieren.

10.2.14. Spielerblatt

Was?

Sie nennen die wichtigsten Aufgaben bestimmter Spieler.

Wie wende ich das Spielerblatt an?

- Sie überlegen sich einen Spieler oder eine Spielerin mit dem/der Sie aktuell Probleme haben.
- Schreiben Sie die Namen (evtl. Kürzel) auf das Spielerblatt.
- Schreiben Sie alle Aufgaben/Tätigkeiten/Arbeiten/Funktionen auf, die Ihnen für den Praxisfall einfallen. Filtern Sie Ihre Gedanken nicht. Nennen Sie zuerst mit einem Schlagwort die Aufgaben des Spielers. Wenn Sie ca. 3 Aufgaben notiert haben, beschreiben Sie jede Aufgabe kurz in Stichworten.
- Beschreiben Sie das Verhalten des Spielers bezüglich seiner Aufgabenerfüllung: Was macht er oder macht er nicht? Was macht er zu wenig oder zu viel?
- Beschreiben Sie in der Spalte "mein Verhalten" ganz kurz, wie Sie diesen Spieler in dieser Aufgabe führen. Beschreiben Sie stichwortartig, was Sie sagen oder tun.
- Empfehlung: Bearbeiten Sie Spieler für Spieler. Erst wenn Sie mit dem einen vollständig fertig sind, fahren Sie mit dem nächsten fort.

Spielerblatt			
Name Spieler:			
Aufgaben/Funktionen	**Beschreibung der Aufgabe**	**Verhalten des Spielers**	**Mein Verhalten**

10.2.15. Letzter Check-Up für die Vorbereitung

Check-Up: Vorbereitung für grosse Veranstaltungen	Ja
1. Grundsätzliche Vorbereitungen	
• Veranstaltungsziel ist definiert.	☐
• Termin und Ort sind festgelegt.	☐
• Ferienzeiten sind beachtet.	☐
• Aufgaben jeder Person/Gruppe sind schriftlich fixiert.	☐
• Druck von Einladungsprogrammen in Auftrag gegeben?	☐
• Beteiligte Personen werden regelmässig über den Stand informiert?	☐
2. Tagesablauf	
• Die Themen(-blöcke) sind definiert?	☐
• Die Zeiteinheiten für jedes Thema sind festgelegt?	☐
• Referenten und Ersatzreferenten sind benannt?	☐
• Die schriftliche Bestätigung der Referenten liegt vor?	☐
• Termin zu Versendung der Referatsunterlagen ist festgelegt?	☐
• Ist das Mittagessen eingeplant?	☐
• Ist das Begleitprogramm geplant?	☐
3. Tagungsort	
• Die Kostenvoranschläge vom Tagungshotel sind eingeholt (z.B. für Übernachtung, Vollpension, Tagungsgetränke, Leihgebühr für technische Geräte)?	☐
• Konferenzräume sind reserviert?	☐
• Gruppenarbeitsräume sind reserviert?	☐
• Tagungsbüro ist reserviert?	☐
• Technische Geräte sind reserviert?	☐
• Nötiges Zimmerkontingent ist vorhanden?	☐
• Grundriss für Konferenzräume ist eingeholt?	☐
• Vorschlag für Bestuhlung und/oder Tischreihen liegt vor?	☐
• Lageplan des Foyers liegt vor?	☐
• Speise- und Getränkekarte liegt vor?	☐
• Lagepläne des Tagungsortes liegen vor (z.B. zur Verschickung mit dem Einladungsprogramm)?	☐

4. Referenten	
• Sind die Referenten gebucht?	☐
• Liegt die Zusage der Referenten schriftlich vor?	☐
• Sind die Vortragsthemen der Referenten definiert?	☐
• Sind der genaue Vor- und Zuname sowie der akad. & berufl. Titel der Referenten bekannt?	☐
• Liegen die Unterlagen für die Tagungsmappe vor?	☐
• Sind Sie über den voraussichtlichen Umfang des Referats und der Unterlagen informiert?	☐
• Steht der Ablieferungstermin für die Unterlagen fest?	☐
• Ist die An- und Abreise geklärt und gebucht?	☐
5. Technische Geräte	
• Ist mit jedem Referenten geklärt, welche technischen Geräte er benötigt?	☐
• Lautsprecheranlage vorhanden?	☐
• Beamer/OH-Projektor vorhanden? Funktioniert?	☐
• Flip-Chart vorhanden?	☐
• Pinnwände vorhanden?	☐
• Videoanlage vorhanden?	☐
• Musikanlage vorhanden?	☐
• Diaprojektor vorhanden?	☐
• Leinwand vorhanden?	☐
• Sonstiges:	☐
6. Tagesmappe	
• Geschäftsbericht liegt vor und ist vervielfältigt?	☐
• Referate liegen in Kurzform vor und sind vervielfältigt?	☐
• Referentenprofile liegen vor und sind vervielfältigt?	☐
• Prospekte liegen vor und sind vervielfältigt?	☐
7. Teilnehmer	
• Für die Betreuung der Teilnehmer ist gesorgt?	☐
• Die potentiellen Teilnehmer/potentielle Zielgruppe steht fest?	☐
• Die Adressen liegen vor?	☐
• Die Anschreiben sind verfasst?	☐
• Das Veranstaltungsprogramm ist gedruckt?	☐

• Die Einladungen sind versendet?	☐
• Zu- und Absagen wurden mit der Adressliste verglichen?	☐
• Die Dankschreiben sind verfasst und erste Informationen (z.B. Programm) beigefügt?	☐
• Das Begrüssungsschreiben im Hotel ist vorbereitet?	☐
• Dankschreiben zum Versand nach der Veranstaltung ist vorbereitet?	☐
8. Besichtigung des Tagungsortes	
• Die Orte zur Anbringung von Hinweisschildern sind festgelegt?	☐
• Tagungsgetränke, Pausenverpflegung und die einzelnen Gänge des Menüs sind ausgewählt?	☐
• Ihr Ansprechpartner ist über den Tagungsablauf informiert?	☐
• Sie sind über die Kostenverteilung informiert (z.B. was zahlt der Teilnehmer selbst)?	☐
• Die technischen Geräte, die das Hotel zur Verfügung stellt, sind geprüft und reserviert?	☐
• Die Verteilung von Information und Geschenken auf die Gästezimmer ist geklärt?	☐
• Ist die Geräuschbelästigung von z.B. anderen Veranstaltungen vertretbar?	☐
• Ist genügend Bedienungskapazität vorhanden?	☐
• Ist z.B. für Umräumarbeiten des Konferenzraumes genug Servicekapazität vorhanden?	☐
• Sind ausreichend Parkmöglichkeiten vorhanden?	☐
9. Besichtigung der Konferenzräume	
• Raumgrösse und Besucheranzahl sind abgestimmt?	☐
• Sind für technische Geräte bei Ausfall Ersatzgeräte/-teile vorhanden?	☐
• Sie sind mit den technischen Geräten vertraut?	☐
• Für Leerfolien und Stifte ist gesorgt?	☐
• Bei Folienreferaten steht ein Beistelltisch zur Verfügung?	☐
• Referent verdeckt Sicht auf Leinwand nicht?	☐
• Von allen Plätzen ist die Sicht auf die Leinwand gut?	☐
• Für die Referenten ist ein Getränk griffbereit vorhanden?	☐
• Am Eingang zum Konferenzraum ist ein Tisch vorhanden (z.B. zur Ausgabe der Namensschilder)?	☐
10. Arbeiten mit visuellen Medien	
• Die dargebotene Information ist für alle Teilnehmer gut sichtbar?	☐

• Ist ein Laserpointer zur Erläuterung von Abbildungen vorhanden?	☐
• Ist die Lautsprecheranlage installiert und funktionstüchtig?	☐
• Sind die Referenten mit drahtlosen Mikrofonen ausgestattet?	☐
• Sind Ersatzfolien, Folienschreiber, Flip-Chart-Papier/-Stift, Folien-Rahmen vorhanden?	☐
11. Tagungsbüro	
• Einrichtung vom Hotel zur Verfügung gestellt?	☐
• Telefon vorhanden?	☐
• PC vorhanden?	☐
• Büromaterial vorhanden?	☐
• Teilnehmerlisten mitgenommen?	☐
• Programm der Veranstaltung mit Hinweis, welcher Teilnehmer/Referent sich wann in welchem Raum aufhält, parat?	☐
• Flugplan vorhanden?	☐
• Zugverbindungs-/Nahverkehrsverbindungsplan liegt bereit?	☐
• Kopierer vorhanden?	☐
• Fax vorhanden?	☐
• Pinnwand für Nachrichten vorhanden?	☐
• Wichtige Telefonnummern liegen bereit?	☐

10.3. Durchführung

Checkliste zur Einleitung der Besprechung
• Sie begrüssen die Teilnehmer
• Personen, die dem Kreis noch nicht bekannt sind, stellen Sie vor oder lassen sich kurz vorstellen.
• Sie motivieren die Teilnehmer, indem Sie die Ziele und die Bedeutung der Besprechung hervorheben und um rege Mitarbeit bitten.
• Sie nennen ein Motto oder eine Überschrift. Sie können beispielsweise eine Tagung auch mit einem Gag beginnen.
• Sie schlagen den Ablauf vor oder sagen, wie Sie heute vorgehen werden.
• Dabei beziehen Sie sich auf die vorliegende Tagesordnung.
• Sie geben jetzt Gelegenheit zu Änderungsvorschlägen, Ergänzungen, etc.
• Agenda: Wichtig ist schlichtweg, dass sie spätestens jetzt allen vorliegt.
• Wenn Änderungen vorzunehmen sind, müssen diese für alle nachvollziehbar auf Leinwand (Folie oder PC-Projektion), Flip-Chart oder Pinnwand sichtbar sein.

10.3.1. Aufgaben als Moderator/Besprechungsleiter

Checkliste: Verhalten des Besprechungsleiters gegenüber den Teilnehmern	Ja
Der Besprechungsleiter	
• würdigt jeden Teilnehmer zu seinen Diskussionsbeiträgen	☐
• Bewertet nicht	☐
• Stellt nicht bloss	☐
• Unterstütz beim Formulieren	☐
Der Besprechungsleiter wird bei Gruppen	
• sorgfältig vorbereitete Fragen benutzen, um die Diskussion zu eröffnen, das Interesse zu wecken und das Denken anzuregen.	☐
• Die Interaktion steuern	☐
• Die Reihenfolge der Wortmeldungen beachten	☐
• Die Eigenart der Teilnehmer und Reaktionen der Gruppe auf einzelne Teilnehmer bei der Steuerung berücksichtigen.	☐
• Die Beteiligung aller Teilnehmer anstreben.	☐
• Dauerredner taktvoll bremsen.	☐
• Konflikte zwischen Teilnehmern von der Beziehungsebene auf die Aufgabenebene zurücklenken.	☐
• Bei ernsteren Konflikte übergeordnete Ziele oder Werte erörtern, Gemeinsamkeiten aufdecken und Gegensätze sachlich artikulieren.	☐
• Die Entstehung einer sachlichen, entspannten Atmosphäre erörtern.	☐
• Die Stimmung positiv beeinflussen	☐
• Mit Humor und Gelassenheit helfen, zur Sachlichkeit zurückzukehren	☐
• Sich selbst unparteiisch verhalten	☐
• Bei Wissensvorsprung keine Überlegenheit demonstrieren	☐
• Fakten sammeln	☐
• Die Richtung der Diskussion steuern und die Formulierung eines Ergebnisses beschleunigen	☐
• Den Erfolg der Besprechung sicherstellen und die Ergebnisse zusammenfassen	☐
• Mit den Teilnehmern Beschlüsse fassen	☐
• Massnahmen einleiten, Aufgaben fixieren, Termine setzen (wer, was, wo, wie, wann, warum erledigt) und er wird nachfassen und die Durchführung der Entscheidung kontrollieren.	☐

Checkliste: Verhalten des Besprechungsleiters bei der Durchführung der Besprechung	Ja
• Pünktlich anfangen	☐
• Motivation der Teilnehmer mittels Ziel und Bedeutung der gemeinsamen Aufgabe steigern.	☐
• Erwartungen an die Teilnehmer klar machen.	☐
• Vertrauensvolles Arbeitsklima erzeugen.	☐
• Im gegebenen Falle auf die Vertraulichkeit der Gespräche hinweisen.	☐
• Tagesordnung mit Zeitplan zeigen oder anschreiben; Änderungen berücksichtigen.	☐
• Diskussionseröffnung: Zu jedem Punkt Kurzeinführung, gleichen Informationsstand herstellen, Sachstandserläuterung.	☐
• Ergebnis herausarbeiten.	☐
• Konsequenzen ableiten.	☐
• Bewertung verschiedener Lösungsansätze.	☐
• Entscheidung fällen.	☐
• Massnahmenkatalog erstellen.	☐
• Zuständigkeiten, Termine und Kontrolle festlegen.	☐
• Dank an die Teilnehmer.	☐
• Ausblick auf das weitere Vorgehen.	☐
• Themen für die nächste Besprechung.	☐

10.3.2. Entscheidungen

Checkliste: Entscheidungen

- Gründliche **Bestimmung des Problems**. Worum geht es?
- **Bestimmung des Sollzustandes**. "Sollzustand" darf nicht als ideales Maximum verstanden werden, sondern als unverzichtbares Minimum. Wenn die Entscheidung dieses Minimum nicht erfüllt, dann besser keine Entscheidung treffen und mit dem aktuellen Zustand leben.
- **Suche nach Entscheidungsalternativen**. Die meisten Entscheidungen kranken daran, dass man sich zu früh mit Art und Zahl der Alternativen begnügt.
- **Prüfen der Alternativen** auf Lösungstauglichkeit (Folgen und Risiken). Wie lange ist man durch jede Alternative gebunden? Ist eine Entscheidung umkehrbar oder irreversibel? Kann man notfalls korrigieren, mit welchen Folgen und wie schnell?
- **Entschluss**. Spätestens hier werden Risiken und Verantwortungen unausweichlich bewusst. Niemand kann dieser Situation entkommen, denn nicht zu entscheiden ist auch eine Entscheidung.
- **Ausführung**. Die Schlüsselfrage lautet: Wer muss was bis wann tun? Erst die Umsetzung macht die Entscheidung wirksam.

10.3.3. Zeit und Effizienz gewinnen

Checkliste: Zeit und Effizienz gewinnen
• Legen Sie vor Beginn der Besprechung eine Stille Minute zum Nachdenken ein.
• Je konzentrierter Sie starten, desto besser!
• Gehen Sie nicht ohne Tagesordnung in die Sitzung!
• Wenn Sie keine Tagesordnung beschlossen haben, holen Sie dies am Anfang der Besprechung nach!
• Hängen Sie an die Tür des Besprechungsraumes ein Schild: "Besprechung. Bitte nicht stören!" auf.
• Fangen Sie pünktlich an, auch wenn nicht alle da sind. Disziplinieren Sie so zu spät kommende Teilnehmer für die Zukunft!
• Vermeiden Sie während der Besprechung Wartezeiten!
• Bereiten Sie also alle Informationsunterlagen, Schaubilder, etc. vor!
• Zögern Sie Besprechungen nicht hinaus! Sie provozieren nur Langeweile und Ärger.
• Fassen Sie Ergebnisse immer wieder zusammen!
• Betrachten Sie eine Frage erst dann als geklärt, wenn Sie festgelegt haben, wer, was, wann, wo, wie zu tun hat.
• Vereinbaren Sie mit den Teilnehmern eine Erfolgskontrolle für die übernommene Aufgabe. Das erspart weitere Meetings!
• Halten Sie sich an die vereinbarten Schlusszeiten. So ermutigen Sie Teilnehmer, die früher gehen wollten, zu bleiben. Sie wissen, dass die Besprechung pünktlich endet.
• Weisen Sie die Gesprächsrunde durch bestimmte Sätze auf das Gesprächsende hin. Z.B. "Bevor wir zum Ende kommen...".

10.3.4. Konfliktmanagement

Checkliste: Konflikt-Strategien im Team

Kampf-Strategie	Problemlösungsstrategie

• Einer muss sich im Konflikt durchsetzen. Das möchte ich sein.
• Meine Wünsche, Interessen und Ziele werde ich nicht offen zeigen: Entweder schweige ich mich aus oder ich stelle sie verzerrt dar.
• Es wird alles darangesetzt, dem anderen meine Position aufzuzwingen.
• Ich möchte meine eigenen Ziele verfolgen.
• Machtunterschiede werden bewusst herausgestellt, indem man
    ○ gleich zu Beginn feststellt, dass es gänzlich unerheblich ist, ob wir zu einer gemeinsamen Lösung kommen.
    ○ hervorhebt, dass man vom anderen in keiner Weise abhängig ist.
• Zu Beginn bleibt der andere im Unklaren über meine Gefühle, Interessen, Absichten und Positionen; ich halte mich zurück und "lasse kommen".
• Sich in die Lagen des anderen hineinzuversetzen wird vermieden.
• Anfangs lasse ich Versprechungen durchblicken; wenn der andere nicht nachgeben will, drohe ich ganz offen und deutlich.
• Negative Gefühle werden scharf zum Ausdruck gebracht, auch wenn sie verletzen.
• Es wird unmissverständlich klar gemacht, dass ich von meiner Position nicht abrücken kann und werde.
• Ich zeige mich kooperativ, um die Kooperationsbereitschaft des anderen zum Durchsetzen meiner Ziele auszunutzen.
	• Der Konflikt wird als gemeinsames Problem betrachtet.
	• Meine Wünsche, Interessen und Ziele lege ich unmissverständlich offen.
	• Suche nach einer Lösung, die uns beide zufrieden stellt.
	• Ich möchte gemeinsame Ziele verfolgen.
	• Machtunterschiede werden auszugleichen versucht, indem man
	    ○ hervorhebt, wie wichtig es ist, dass wir zu einer gemeinsamen Lösung kommen.
	    ○ betont, dass wir beide aufeinander angewiesen sind.
	• Zu Beginn werden meine Gefühle, Interessen, Absichten und Positionen offen und unverfälscht dargestellt.
	• Während der andere spricht, versuche ich, mich in ihn hineinzuversetzen.
	• Weder locke ich mit Versprechungen noch verunsichere ich mit Drohungen.
	• Negative Gefühle sage ich so, dass sie nicht verletzen.
	• Ich gebe zu verstehen, dass meine Position flexibel ist.
	• Ich zeige mich kooperativ, um eine kooperative Beziehung herzustellen oder zu stabilisieren.

Quelle: Bay, R.H. (1998). Teams effizient führen. Vogel: Würzburg.

Checkliste: Konfliktanalyse

- Gibt es offene oder verdeckte Konfliktsignale? Seit wann? Wo? Welche?
- Um was geht es bei diesem Konflikt?
- Wer ist direkt und/oder indirekt am Konflikt beteiligt?
- Welche allgemeine Einstellung haben die Konfliktparteien?
- Welches sind die Handlungspläne und Ziele der Beteiligten?
- Gibt es konfliktverstärkende Verhaltensweisen? Wenn ja, welche?
- Wie dringlich ist die Lösung des Konflikts?
- Ist es vorrangig ein sachlicher Konflikt? Wenn ja, warum?
- Ist es vorrangig ein Beziehungskonflikt? Wenn ja, warum?
- Welche Lösung strebe ich an und welche wird vermutlich die andere Partei anstreben?
- Welche generelle Konfliktstrategie wähle ich und welche wird vermutlich die gegnerische Partei wählen?
- Welche kurz-, mittel- und langfristigen Folgen hat vermutlich die Wahl meiner Konfliktstrategie?

Quelle: Bay, R.H. (1998). Teams effizient führen. Vogel: Würzburg.

Konfliktbearbeitung: 10-Stufen-Plan

1. Stufe: Klare und verständliche Beschreibung und **Definition** des **Konflikts.**
2. Stufe: Herausarbeiten der **sachlichen** und **persönlichen Konfliktanteile.**
3. Stufe: Sammeln und **Austauschen** aller noch notwendigen **Informationen.**
4. Stufe: Entwicklung von **Zielvorstellungen**, die für alle Beteiligten **klar** und verständlich sind.
5. Stufe: Sammlung und Entwicklung möglicher **Lösungswege.**
6. Stufe: **Bewertung** der möglichen Lösungswege durch alle Beteiligten.
7. Stufe: **Entscheidung** über brauchbare Lösungswege treffen und dabei prüfen, ob alle Beteiligten diese Lösungswege auch gehen wollen.
8. Stufe: Vereinbarung darüber treffen, welche konkreten **Handlungen** jetzt von wem bis wann einzuleiten sind.
9. Stufe: Klären, woran die **Einhaltung** der Massnahmen gemessen werden soll und was im Fall der Nichteinhaltung passieren soll.
10. Stufe: **Persönliche Konfliktverarbeitung.** Gefühlsmässige und rationale innere Verarbeitung des Konflikts, so dass keine "Restgefühle" den Konflikt wieder auflodern lassen.

Quelle: Bay, R.H. (1998). Teams effizient führen. Vogel: Würzburg.

Offensiver Umgang mit Konflikten: Vorteile

- Sie zeigen, dass Sie kein Hasenfuss sind, sondern führen. Das verschafft Respekt.
- Andere starke Personen bauen Vertrauen zu Ihnen auf und stärken damit Ihre Position.
- Schwache Motzer bleiben still und konzentrieren sich auf solche Teilnehmer, die sie ablenken können.
- Sie resignieren nicht und verfallen nicht in übertriebene Kampfhaltungen.
- Resignation lähmt auf Dauer und führt selbstverständlich zu schlechterer Leistung.
- Sie behalten die Kontrolle über Ihre Angelegenheiten.
- Mit der offensiven Konfliktbewältigung lernen Sie Neues dazu und treiben Entwicklungen voran.
- Wer aufgrund seiner Funktion vermitteln kann, gibt Beteiligten die Chance, ohne Gesichtsverlust aus einer misslichen Lage herauszukommen. Sie selbst gewinnen hierdurch Vertrauen.
- Sie schonen im Interesse aller Beteiligten die wichtigsten persönlichen Ressourcen: Zeit und Nerven.

Offensiver Umgang mit Konflikten: Wie?

- Nehmen Sie den Konflikt wahr, und machen Sie sich Ihre Empfindungen bewusst!
- Stellen Sie den Konflikt in Form von Ich-Botschaften dar (z.B. "Sein Verhalten bewirkt bei mir...", oder "hat... Konsequenzen für meine Aufgabe", etc.)
- Bitten Sie den anderen, zuzuhören. Stellen Sie Ihre Ziele, Werte und Handlungsalternativen dar.
- Fragen Sie: Wie geht es weiter? Was bedeutet das jetzt? Überprüfen Sie, ob Ihre Botschaft angekommen ist.
- Wenn nicht: Senden Sie weitere Ich-Botschaften und bestehen Sie auf einer Lösung.
- Wenn ja: Suchen Sie gemeinsam nach Lösungen.
- Formulieren Sie eine für beide Seiten akzeptable Lösung und schliessen Sie eine schriftliche Vereinbarung.

Checkliste: Vermittlung in Konflikten

1. Verantwortung übernehmen

- Kontrakt schliessen und Vermittlungsgrundsätze bekannt geben.
- Konfliktpartner trennen.
- Ich-Sprache sprechen und zuhören.
- Bsp.: "Ich habe jetzt Ihr Einverständnis für die von mir vorgeschlagene Methode. Ich will, dass Sie jeder nur direkt mit mir sprechen und nicht mehr sich gegenseitig ansprechen! ... Nein! Bitte mir direkt sagen! ... O.K.! ... Hmmh. ..."

2. Ventilieren

- Zuhören, Probleme aus Sicht des Konfliktpartners erkennen.
- Emotionale Temperatur absinken lassen. Zuhören.
- Was genau ist das Problem für Sie? Ursache-Wirkung-Gefühl
- Bsp.: "Das Problem ist für Sie, dass Herr Gerber seinen Projektbericht nicht pünktlich und im richtigen Format abliefert. Das verzögert Ihre eigene Aufgabe und die Erstellung der Gesamtdokumentation und nervt und ärgert Sie."

3. Verbinden

- Vorwürfe, Angriffe "übersetzen" in Ich-Botschaften.
- Erste direkte Kommunikation zwischen den Konfliktpartnern aufbauen.
- Bsp.: "Herr Gerber, sagen Sie bitte einmal was genau aus Ihrer Sicht die Ursache und die Wirkung für Sie sind. Sagen Sie es bitte Herrn Feller direkt. ... Nein Herr Feller, bitte warten Sie einen Moment und hören Sie bitte Herrn Gerber zuerst einmal zu. Sie haben gleich Gelegenheit, uns Ihre Meinung zu sagen. Herr Gerber bitte!"

4. Begleiten

- Direkte Kommunikation zwischen Konfliktpartnern fördern.
- Wenn notwendig: Vorhergehende Schritte wiederholen.
- Wenn beide das Problem formuliert haben, folgen die nächsten Problemlösungsschritte:
  - Suchen nach Lösungen
  - Besprechung zur Bewertung der Lösungen und für die Lösungswahl
  - Besprechung zum Bündeln der Lösungen und zur Erstellung des Handlungsplanes: Wer, was, wann, wie?
  - Besprechung zur praktischen Durchführung der Lösungen
- Bsp.: "O.K. Welche Lösungsmöglichkeiten sehen Sie jetzt? Herr Feller, Sie zuerst. ... Herr Gerber, was meinen Sie dazu? ... O.K. Was sind jetzt die nächsten Schritte? Herr Gerber ... ?"

5. Verantwortung abgeben

- Bereitschaft für spätere Unterstützung anbieten.
- Spätestens bei Schritt 5 muss die Verantwortung abgegeben werden.
- Bsp.: "Ich bin froh, dass wir diesen Weg gefunden haben. Ich möchte mich an dieser Stelle ausklinken. Wenn Sie mich noch brauchen, stehe ich gerne zur Verfügung."

10.3.5. Schwierige Teilnehmer

Checkliste: Wie gehe ich auf die einzelnen Typen von schwierigen Teilnehmern ein?

- Der **Streitsüchtige:** Reagieren Sie sachlich und hören Sie ruhig zu.
- Der **Ausfrager:** Will ein schlauer Fuchs sein und den Besprechungsleiter hereinlegen. Fragen ernst nehmen, und sie an die Gruppe weitergeben.
- Der **Ablehnende:** Hat zu fördernden Ehrgeiz. Gehen Sie positiv auf seine Kenntnisse und Erfahrungen ein und gewinnen Sie seine Unterstützung.
- Der **Alleswisser:** Sie können ihn durch Stellungnahmen der Gruppe in diese integrieren.
- Der **Schüchterne:** Stärken Sie ihn in seinem Selbstbewusstsein mit leichten Fragen und Lob. Wenn Sie zu dick auftragen, provozieren Sie eine Kommunikationsblockade.
- Der **Dickfellige:** Ist uninteressiert. Sie integrieren ihn durch Fragen nach seinem Arbeits-/Interessenbereich.
- Der **Erhabene:** Wird auch hohes Tier genannt und ist Kritik gegenüber unempfindlich. Gehen Sie es bei ihm langsam an und integrieren Sie ihn behutsam in die Gruppe.
- Der **Redselige:** Begrenzen Sie ihn straff in seiner Redezeit. Durch überstraffe Führung können Sie ihn allerdings leicht "totschlagen". Begrenzen Sie seine Redezeit mit der 3-Minuten-Regel.
- Der **Positive:** Eine wertvolle Stütze der Besprechung. Lassen Sie die Ergebnisse von ihm zusammenfassen und schalten Sie ihn gezielt in die Diskussion ein. Tun Sie dies nicht zu früh, sonst ist seine Position gefährdet oder er wird sogar von den anderen Teilnehmern ignoriert.
- Der **Ruhige:** Zwischen Abwartenden und Tagträumern ist zu unterscheiden. Ebenfalls gibt es Teilnehmer, die sich deplatziert fühlen oder solche, die von Natur aus zurückhaltend sind.
- Der **Schwatzhafte:** Unterbrechen Sie ihn gegebenenfalls.
- Die **Konkurrierenden:** Agieren Sie vermittelnd. Zu lange zusehen bedeutet Zeitverlust und bringt eine Vergiftung des Arbeitsklimas mit sich.
- Der **Fliegengewichtteilnehmer:** Reagieren Sie auf irrelevante Beiträge. Klären Sie, ob der Teilnehmer irrtümlich eingeladen wurde, solches Verhalten öfter zeigt oder seine Hausaufgaben nicht gemacht hat.

10.3.6. Feedbackregeln

Checkliste: Feedback

Regeln für den Feedback-Geber:

- Sorgen Sie für eine ruhige und angenehme Gesprächsatmosphäre.
- Planen Sie genügend Zeit ein und führen Sie keine ad hoc Gespräche.
- Fragen Sie Ihr Gegenüber, ob er an einem Feedback durch ihre Person interessiert ist.
- Vermeiden Sie Feedback dort, wo es nicht gewünscht ist, denn dadurch schaffen Sie mehr Irritation als Nutzen.
- Verschaffen Sie sich Klarheit über das Ziel.
- Prüfen Sie die Bereitschaft des Empfängers, die Angemessenheit und den Zeitpunkt.
- Bleiben Sie konkret. Beschreiben Sie, und verfallen Sie nicht in Interpretationen und Vorwürfe. Bsp.: Nicht sagen "Sie sind autoritär" oder "Sie wollen immer alle Dinge an sich reissen", sonder statt dessen "Ich bin verärgert darüber, weil Sie mir erst die Verantwortung für dieses Projekt übertragen haben und nun schon zum wiederholten Male Dinge auf die eigene Faust durchführen, ohne mich weder zu informieren noch um Rat zu fragen."
- Verstecken Sie sich nicht hinter "man" oder "Du-Appellen", sondern formulieren Sie Ihr Feedback stets als Angebot und in der Ich-Perspektive. Bsp.: "Ich hatte den Eindruck..., ich habe beobachtet, dass..., mir missfällt...".
- Gehen Sie so vor, dass das Feedback auch jederzeit umkehrbar wird.
- Trennen Sie Person und Verhalten (Person an sich o.k. - Verhalten ist jedoch verbesserungswürdig). Der Feedbackgeber hat nicht das Recht, die Person zu beurteilen. Was er wahrnehmen und beurteilen kann, ist das gezeigte Verhalten in der bestimmten Situation. Dieses gilt es möglichst konkret anzusprechen.
- Geben Sie Ihr Feedback unmittelbar.
- Beginnen Sie stets mit positiven Dingen, wie z.B. "gut gefallen hat mir...".
- Sprechen Sie den Feedback-Nehmer direkt an.
- Optional: Teilen Sie Ihren Wunsch für die Zukunft mit.

Regeln für den Feedback-Nehmer:

- Betrachten Sie Feedback als ein Geschenk und Chance für Ihre persönliche Entwicklung.
- Beachten Sie, dass jede Wahrnehmung stets subjektiv ist, Sie jedoch zusätzlich Informationen darüber erhalten, wie Sie von anderen gesehen werden.

- Sofern Sie insbesondere Informationen zu einer konkreten Situation oder über ein konkretes Verhalten haben möchten, können Sie Ihren Feedback-Geber im Vorfeld gezielt darum bitten. "Ich wollte mit meinem Verhalten bewirken, dass..., inwiefern habe ich diesen Eindruck Ihrer Meinung nach auch hinterlassen?" (Tipp: Diese Art des gezielten Feedbacks setzt natürlich ein besonderes Vertrauensverhältnis zwischen Feedback-Geber und -Nehmer voraus. Daher sollten Sie schon einigermassen mit der Art und Weise des Feedback-Gebens und -Nehmens vertraut sein, bevor Sie sich darauf einlassen).
- Hören Sie aktiv und aufmerksam zu und fallen Sie nicht gleich ins Wort.
- Rückfragen, um sicherzustellen, dass Sie die Aussagen Ihres Gegenüber richtig verstanden haben, sind jedoch erlaubt. Also fragen Sie nach, wenn Ihnen etwas unklar ist. Zum Beispiel "Habe ich richtig verstanden..." oder "Sie meinen damit, dass..." .
- Kontern Sie nicht wie auf Knopfdruck. Rechtfertigen und verteidigen Sie Ihr Verhalten nicht sofort. Überdenken Sie lieber später, inwieweit die Kritik berechtigt war und was Sie davon annehmen möchten und was nicht.
- Betrachten Sie Feedback nicht als persönliche Kränkung oder Massregelung.
- Bedanken Sie sich bei Ihrem Feedback-Geber, dass er bereit war, Ihnen eine Rückmeldung zu geben.

10.3.7. Fragetechniken zur Beschleunigung

Checkliste: Fragetechniken	
Offene Frage:	• "W-Fragen": Wer, Was, Wo, Wann, Wie etc. • Sie erhalten wichtige Informationen. • Es wird eine Vertrauensbasis geschaffen und Sie können das Gespräch in gewisse Bahnen lenken. • Risiko: Sie verzetteln sich oder Ihr Gegenüber schweift ab. • z.B. "Wo soll die nächste Besprechung stattfinden?"
Geschlossene Frage:	• Fragen, die kurz und knapp oder mit ja oder nein beantwortet werden können. • Der Nutzen liegt in der kurzen präzisen Antwort - "die Sache wird auf den Punkt gebracht". • Das Risiko dieser Frage liegt im "Verhörcharakter". • z.B. "Haben Sie das Protokoll gelesen?".
Alternativfrage:	• Sie gibt die Möglichkeit, sich zwischen verschiedenen Antworten zu entscheiden. • Der Gefragte hat das Gefühl, miteinbezogen zu werden; kann sich aber dadurch bedrängt fühlen. • z.B. "Wollen Sie den Termin sofort abmachen?".
Suggestivfrage:	• Bei ihr wird die Antwort von Ihnen bereits vorausgesetzt. Sie

	stellen die Frage und der Gefragte hat nur die Möglichkeit mit "JA" oder mit "NEIN" zu antworten. • Sie führt zu Verunsicherung und ist als Technik bekannt; sie wirkt auf Profis altbacken und wird öfter als unlauter angesehen! • z.B. "Sie wollen doch sicher auch eine effiziente Besprechung haben?".
Allgemeine Frage:	• nützlicher Türöffner • konzentrierte Diskussion auf einen Punkt. • Teilnehmer stehen nicht im Rampenlicht. • z.B. "Wie lief es seit der letzten Besprechung?".
Direkte Frage:	• bringt den Überraschten ins Rampenlicht. • holt Expertenmeinung, schliesst stille Teilnehmer ein. • belebt Aufmerksamkeit und beschleunigt Punkte. • z.B. "Nennen Sie mir bitte die Vorteile Ihres Vorschlages!".

10.3.8. Zuhörhilfen

Checkliste: Aktives Zuhören			
Verhalten: Desinteresse und Nichtverstehen	**Ja**	**Verhalten: Interesse und Verstehen**	**Ja**
Abgewandter Blick	☐	Blickkontakt	☐
Immer wieder unterbrechen	☐	Aufmerksames Zuhören: Schweigen	☐
Demonstratives Kopfschütteln	☐	Zustimmendes Nicken	☐
Verschränkte Arme	☐	Zugewandte Körperhaltung	☐
Zurücklehnen: Arme hinter den Kopf verschränkt	☐	Offene Körperhaltung	☐
Stöhnen, verächtliches Zischen	☐	Zustimmende Laute: "Mmhh..."	☐
Themenwechsel ohne Erklärung	☐	Offene Fragen: "Was ist noch offen?". "Welche Informationen interessieren Sie noch?".	☐
Verneinung der Gefühle des anderen: "Sie meinen doch nicht etwa...?"	☐	Gefühle des Anderen zulassen: Sie waren ziemlich sauer...?"	☐
Sofortige Einwände: "Ja aber..."	☐	Äusserungen des Anderen annehmen und dessen Gedanken weiterführen.	☐

Verhaltensanalyse: "Sie tun das, weil Sie immer so vernagelt sind!"	□	Umschreibung des Gehörten, um eigenes Verstehen zu prüfen.	□
Verallgemeinernde "Feststellungen": "Man sollte meinen, dass man in der..."	□	Die eigenen Reaktionen auf das Gehörte in der "Ich"-Form bringen.	□
Abfällige Äusserungen: "Quatsch, das..."	□	Verständnisvolle Bemerkungen. "Es ist verständlich, dass es mühsam ist, nach einer Verletzung wieder gute Leistungen zu zeigen und trotzdem..."	□
Ratschläge oder Vorwürfe: "Sie sollten lieber den Gegner...". "Das ist schlecht, wenn Sie jetzt...".	□	Kritische Bemerkungen aufnehmen und deren Bedeutung erfassen: "Die niedrige Treffer-Zahl für Sie bedeutet...".	□

10.3.9. Kreativitätstechniken

Brainstorming

Wie gehen Sie vor?

- Sie wählen einen Raum mit angenehmer Atmosphäre.
- Sie benennen einen Leiter.
- Sie bestimmen die Dauer: 15-30 Minuten.
- Sie beschreiben das Problem und grenzen es ein, evtl. schon vor dem Brainstorming oder dem Kurzvortrag eines Experten.
- Fordern Sie die Teilnehmer auf, alles zu äussern, was Ihnen einfällt, auch wenn es noch nicht zu Ende gedacht ist.
- Halten Sie als Leiter alle Anregungen schriftlich fest. Werten Sie nicht, greifen Sie nicht ein!

10.3.10. Verwendung visueller Medien

Checkliste: Verwendung visueller Medien		
	Vorteile	**Nachteile**
OH-Projektor (konventionell/ PC-gesteuert	• Folien/Vorlagen sind kopierfähig. • Von gedruckten Vorlagen kann man Folien/Vorlagen herstellen. • Beim Vortrag können Teile des Textes abgedeckt werden. • Mehrere Folien können "aufbauend" übereinander gelegt werden. • Auf wasserfeste Zeichnungen können leicht abwischbare Notizen mit wasserlöslichem Stift gemacht werden. • Der Vortragende behält den Blickkontakt zur Gruppe. • Bei PC-Einsatz: sehr flexible Handhabung (Material ist blitzschnell ergänzbar/austauschbar).	• Abhängigkeit vom Stromnetz. • Projektionsfläche erforderlich. • Projektionsabstand und Raumhelligkeit müssen beachtet werden. • Bei PC: Raum muss fast immer verdunkelt werden.
Flip-Chart	• Vorbereitung/Wiederverwendung möglich. • Mehrere fertige Charts können nebeneinander aufgehängt werden. • Der Ständer ist leicht transportabel. • Kleine Notizen auf dem Chart ersparen das Manuskript. • Modern: Heute gibt es Geräte, die ein Photoprotokoll machen.	• Korrekturen sind schwierig. • Die Fläche des einzelnen Blattes ist begrenzt. • Die Archivierung der Rollen ist umständlich. • Verletzungsgefahr: Die Papierkanten sind scharf.
Stecktafel (Pinnwand)	• Alle Teilnehmer können aktiv mitwirken. • Das gesammelte Material kann leicht geordnet und strukturiert werden. • Ergänzungen und Korrekturen sind leicht möglich. • Mit mehreren Tafeln können ganze Informationsstände aufgebaut werden. Notizen auf der Rückseite der Karten können das Manuskript ersetzen. Karten in verschiedenen Farben und Formen bieten viele Darstellungsmöglichkeiten	• Zwang zum Telegrammstil, da die Karten wenig Platz bieten. Das kann auch ein Vorteil sein! • Die Vorbereitung erfordert mehr Zeit als bei anderen Medien.
Wandtafel (kaum mehr im Einsatz)	• Preiswert. • Korrekturen leicht möglich. • Jedem aus der Schulzeit vertraut. • Auch geeignet zum Anhängen von Papierbögen. • Gut für schrittweise Entwicklung, bei der Teile gelöscht werden müssen.	• Kreide an den Händen und Kleidung. • Was abgewischt ist, ist "weg". • Verleitet zum flüchtigen Schreiben. • Für einige bringt die Tafel unangenehme Erinnerungen an die Schule. • Der Schreiber wendet der Gruppe den Rücken zu.

10.3.11. Teilnehmerverhalten während der Besprechung

Verhalten während der Besprechung

1. Wenn Sie den Mut haben; Wenn keine Agenda vorliegt:

- Fordern Sie den Besprechungsleiter auf, die Agenda zu zeigen und sich daran zu halten.

2. Melden Sie Ihre eigenen Tagesordnungspunkte klar und deutlich an.

3. Sie können zur Erreichung des gemeinsamen Zieles und zur Förderung des Problemlösungsprozesses einen wichtigen Beitrag leisten, und zwar durch:

- objektive Berichterstattung und aktive Diskussionsbeteiligung;
- gezielte Fragen;
- durchdachte Vorschläge;
- konstruktive Kritik;
- Erinnern der Gruppe an das Thema;
- Drängen auf Bewertung von Lösungsansätzen und Entscheidungen;
- Festhalten der Angelegenheiten auf einem Flip-Chart und
- eigenen Ideen

4. Sprechen Sie Ihre Meinung offen aus, und ermuntern Sie andere ebenfalls dazu!

- Lassen Sie sich durch die Anwesenheit höher bezahlter Besprechungsteilnehmer nicht zur Passivität verleiten. Die Besprechung ist eine Gemeinschaftsarbeit. Sie lebt von den Teilnehmern und kann nur Erfolg haben, wenn alle Teilnehmer ihre Erfahrungen mitteilen. Sagen Sie, was Sie denken. Halten Sie Ihre Meinung nicht zurück.

5. Hören Sie auf das, was die anderen zu sagen haben!

- Versuchen Sie, den Standpunkt der anderen zu verstehen und ihm gerecht zu werden. Tun Sie dies auch dann, wenn dieser Standpunkt von Ihren eigenen Ansichten zunächst abzuweichen scheint. Achten Sie auf die dahinter stehende Erfahrung. Vermeiden Sie Ironie und Randbemerkungen, und setzen Sie statt dessen Vorgehensweisen ein, welche die Gruppe zusammenschweissen.

6. Führen Sie die Diskussion in zwangloser Form!

- Niemand erwartet von Ihnen eine formvollendete Rede. Ein paar schnell notierte Stichworte werden es Ihnen erleichtern, kurz und klar vorzutragen, was Sie sagen wollen.

7. Helfen Sie, Missverständnisse zu vermeiden!

- Je einfacher Sie sich ausdrücken, desto grösser ist die Wahrscheinlichkeit, dass Sie von allen verstanden werden. Sollte Ihnen ein Ausdruck nicht geläufig oder eine Problemstellung nicht klar sein, dann bitten Sie um eine Erklärung. Vielleicht sind Ihnen andere Teilnehmer für diese Bitte dankbar. Fragen Sie nach konkreten Beispielen und praktischen Fällen. Scheuen Sie sich nie, Fragen zu stellen.

8. Lassen Sie auch die anderen zu Wort kommen!

- Versuchen Sie, nicht länger als etwa eine Minute auf einmal zu sprechen. Geben Sie dann den anderen eine Gelegenheit, ihre Meinung zu äussern. Spüren Sie die wirklich wichtigen Dinge auf. Erklären Sie Ihren Standpunkt in einigen wenigen Worten und hören Sie zu und reagieren Sie auf das, was andere dazu sagen.

9. Nehmen Sie Meinungsverschiedenheiten freundlich auf!

- Selbst wenn Sie einmal unsachlich angegriffen werden, fragen Sie sich nach der Ursache, warum hier sachliche Schwierigkeiten emotionalisiert werden, und verfallen Sie nicht in denselben Fehler. Wer sachlich und freundlich reagiert, wird immer mehr erreichen.
- Wenn Sie einer geäusserten Ansicht nicht zustimmen können, dann sagen Sie es, und begründen Sie Ihre abweichende Auffassung.
- Bleiben Sie dabei ruhig und freundlich. Alle Anwesenden bemühen sich um die richtige Antwort. Sie ist oft nicht leicht. Bedenken Sie, dass man ernste Probleme auch in guter Laune besprechen kann.

10. Schalten Sie sich in die Diskussion ein, sobald Sie etwas Wichtiges zu sagen haben!

- Versuchen Sie, sich rechtzeitig Gehör zu verschaffen. Es stört den Fortgang der Besprechung, wenn zu oft auf bereits behandelte Gebiete zurückgegriffen werden muss. Wünschen mehrere Teilnehmer zur gleichen Zeit zu sprechen, muss der Besprechungsleiter die Reihenfolge der Wortmeldungen berücksichtigen.
- Sollte ein Vorredner Ihre Ansicht bereits zum Ausdruck gebracht haben, wird sich Ihre zusätzliche ausführliche Stellungnahme erübrigen. Haben Sie jedoch einen gegenteiligen Standpunkt, dann sollten Sie ihn unter allen Umständen bekannt geben. Nur so können Ergebnisse erzielt werden, die sich in der Praxis verwirklichen lassen. Die ideale Diskussion ist ein Rundgespräch unter allen Anwesenden und nicht ein Zwiegespräch zwischen einzelnen Anwesenden und dem Besprechungsleiter.

11. Prüfen Sie die Besprechungsergebnisse kritisch in bezug auf ihre Anwendbarkeit in der Praxis!

10.3.12. Boxenstopp für Trainer

kurze Auszeiten zur Standortbestimmung und systematischen Reflexion.

Boxenstopp

Wie gehen Sie vor?

1. Den Boxenstopp organisieren Sie regelmässig alle 4 bis 6 Wochen über einen Zeitraum von mindestens sechs Monaten und mit einer Grösse von maximal acht Teilnehmern. Als Zeitbedarf sollten sie dafür ca. einen halben Tag vorsehen.

2. Nach der Begrüssungsrunde sammeln Sie die Themen, die die Teilnehmer bearbeiten möchten (z.B. Konflikte, Fragestellungen aus Projekten oder Neuerungen, aktuelle persönliche Karriere- oder Lebensfragen).

3. Die Gruppe entscheidet sich für zwei bis drei Fälle und stellt dafür einen groben Zeitplan auf.

4. In der Fallbearbeitung wird zunächst die Ausgangslage vom Fallgeber geschildert, das Problem von ihm konkretisiert und eine spezifische Frage an die Gruppe gerichtet.

5. Klärungsfragen aller Teilnehmer im Anschluss können die Informationen vervollständigen. Zu diesem Zeitpunkt werden keine Interpretationen oder versteckte Lösungsvorschläge angeboten.

6. Nachdem alle die Situation verstanden haben, geben die einzelnen Teilnehmer Rückmeldung nach folgenden Leitfragen:
   a. Was ist auffallend?
   b. Wie ist die jeweilige Reaktion auf die Schilderung?
   c. Welche Hypothesen und Vermutungen gibt es?

7. Der Fallgeber sammelt die Rückmeldungen zunächst kommentarlos und kommentiert anschliessend nach folgendem Muster:
   a. Was wurde bestätigt?
   b. Gibt es AHA-Effekte oder neue Erkenntnisse?
   c. Was regte zum Nachdenken an?

8. Anschiessend werden die Lösungsvorschläge diskutiert und der Fallgeber fasst zusammen was er / sie nun tun wird.

9. Abschliessend wird der gesamte Prozess und das persönliche Lernen kurz reflektiert, wobei folgende Fragen im Vordergrund stehen:
   a. Ist die Situation ganzheitlich erfasst worden?
   b. Wie wurde mit der Fragestellung und dem Fallgeber umgegangen?
   c. Was löste besondere Reaktionen aus?
   d. Wie wird mit Rückmeldungen und Kritik umgegangen?
   e. Können andere Sichtweisen und Standpunkte akzeptiert werden?

Checkliste: Boxenstopp

Wie gehen Sie vor?

1. Begrüssung

2. Themen sammeln

3. für 2 bis 3 Fälle entscheiden

4. Zeitplan aufstellen

5. Fallgeber
   a. Ausgangslage schildern
   b. Problem konkretisieren
   c. Eine spezifische Frage an die Gruppe richten

6. Klärungsfragen an den Fallgeber ohne Interpretation oder Lösungsvorschlag

7. Teilnehmerrückmeldung
   a. Auffallendes?
   b. Eigene Reaktion?
   c. Hypothesen und Vermutungen?

8. Fallgeber sammelt kommentarlos alle Rückmeldungen

9. Fallgeber kommentiert Rückmeldungen
   a. Bestätigungen?
   b. AHA-Effekte oder neue Erkenntnisse?
   c. Anregung zum Nachdenken?

10. Diskussion der Lösungsvorschläge

11. Fallgeber fasst zusammen was zu tun ist

12. Reflektion des bisherigen Prozesses und des persönlichen Lernens
    a. Ganzheitliche Erfassung der Situation?
    b. Umgang mit Fragestellungen und Fallgeber?
    c. Besondere Reaktionen?
    d. Umgang mit Rückmeldungen und Kritik?
    e. Akzeptanz anderer Sichtweisen und Standpunkte?

10.4. Nachbereitung

10.4.1. Protokoll

Checkliste: Protokoll	
1. Formale Angaben zu durchgeführten Besprechung	• Verein, Team, Arbeitsgruppe • Besprechungsort, Datum, Zeit und Dauer der Besprechung • Teilnehmer, Verteiler ("zur Information an...") • Thema/Ziel der Besprechung

2. Anforderungen an einen guten Protokolltext	• <u>Inhalt</u>
	  ○ behandelte Themen
	  ○ Verlauf der Besprechung
	  ○ geplante Massnahmen
	  ○ Folgeaktivitäten
	• <u>Form</u>
	  ○ Text kurz und klar
	  ○ Ziffern, Absätze, Einrücken, Unterstreichen usw. zur Strukturierung
	  ○ gut gegliederte Texte
	  ○ rechts neben dem Massnahmenkatalog eine Spalte für "Verantwortliche + Termine"

3. Ergänzende Angaben zum Protokoll	• Beilagen (z.B. statistische Daten), gut beschriftet, mit Quellenangabe • Offen gebliebene Punkte • Nächste Zusammenkunft: Ort, Zeit, Ziel • Unterschriften: Protokollführer und - wenn erforderlich - Besprechungsleiter oder Weisungsberechtigter; in seltenen Fällen auch Teilnehmer.

Checkliste: Inhalte des Protokolls

1. Vermeiden Sie Jargon und Schlagwörter.
2. Ersetzen Sie Wörter mit mehreren Bedeutungen durch unmissverständliche Ausdrücke.
3. Vermeiden Sie emotional geprägte Wörter und Formulierungen.
4. Vermeiden Sie im falschen Kontext gebrauchte Wörter.
5. Trennen Sie Meinungen und Fakten klar voneinander.
6. Beschreiben Sie die Hintergründe sachlich.
7. Formulieren Sie Schlussfolgerungen klar und strukturiert.
8. Bilden Sie kurze Sätze.
9. Formen Sie kurze Abschnitte.
10. Gestalten Sie den Aufbau übersichtlich.

Checkliste: Verhaltensweisen für den Protokollanten

1. Lassen Sie die Diskussion nicht so schnell werden, dass Sie den Faden verlieren.
2. Lernen Sie das grundsätzliche Muster kennen.
3. Fangen Sie mit Routinepunkten an.
4. Notieren Sie Anwesende, Zuspätkommende und Abwesende.
5. Stellen Sie die Diskussionsthemen fest und verwenden Sie als Leitfaden dazu die Agenda.
6. Planen und strukturieren Sie Ihr Protokoll mit Hilfe kurzer Überschriften: "Zusammenfassung der Diskussion", "Getroffene Entscheidung", "Abwicklung bestimmter Aufgaben" (siehe Muster der Agenda).
7. Geben Sie jedem Punkt eine fortlaufende Nummer.
8. Verfolgen Sie jeden Gedankenschritt im Verlauf der Besprechung.
9. Klären Sie noch Offenes, bevor es zu spät ist.
10. Unterscheiden Sie klar zwischen Fakten und Meinungen. Achten Sie darauf, dass Ihre eigene Meinung nicht zu einer Interpretation des Gesagten führt.
11. Schreiben Sie in Stichworten und vermeiden Sie wörtliche Wiedergabe, wenn der Besprechungstyp dies nicht unbedingt erfordert.
12. Verwenden Sie klare Sätze und Abschnitte - Abkürzungen.
13. Verwenden Sie Namen nur, wenn eine entsprechende Dokumentation nötig ist.
14. Lassen Sie sich nicht von anderen Meinungen, höheren Vorgesetzten oder Rangdenken beeinflussen.
15. Vergessen Sie nicht den Ort, das Datum und die Zeit der nächsten Besprechung zu vermerken.
16. Schreiben Sie das Protokoll sauber und vollständig.
17. Überprüfen Sie das Protokoll mit einer zweiten Person, am besten mit der Leiterin oder dem Leiter.
18. Geben Sie es mit klaren Instruktionen zum Tippen.
19. Vermeiden Sie verspätetes Schreiben des Protokolls.
20. Prüfen Sie das fertige Protokoll.
21. Schicken Sie das fertige Protokoll spätestens zwei Tage nach der Sitzung ab.
22. Schicken Sie das Protokoll nur denjenigen, die den Inhalt kennen müssen.
23. Verfolgen Sie die Ergebnisse der Sitzung und die Abwicklung bestimmter Aufgaben!

Checkliste: Verhaltensweisen für den Besprechungsleiter		
1. Machte er die Ziele der Besprechung klar?	Alle Einige Keine	🙂 😟 ☹
2. Führte er die Programmpunkte ordentlich ein?	Alle Einige Keine	🙂 😟 ☹
3. Fasste er oft und effektiv genug zusammen?	Immer Manchmal Nie	🙂 😟 ☹
4. War er zu streng oder zu lasch?	Angemessen Streng Lasch	🙂 😟 ☹
5. Sicherte er eine ausgewogene Beteiligung?	Immer Manchmal Nie	🙂 😟 ☹
6. Motivierte er Einzelne oder die Gruppe als Ganzes?	Gerade richtig Zu wenig Zu viel	🙂 😟 ☹
7. Trug er selber zur Besprechung bei?	Gerade richtig Zu wenig Zu viel	🙂 😟 ☹
8. Waren die Beiträge des Leiters relevant oder kam er vom Thema ab?	Relevant Irrelevant	🙂 ☹
9. Hielt er die Regeln der Besprechung ein?	Manchmal Nie Immer	😟 ☹ 🙂
10. Übernahm jemand anderes die Rolle des Leiters?	Manchmal Nie	😟 🙂
11. Hielt er sich an die Zeitvorgabe?	Ja Nein	🙂 ☹
12. Mache er die Gruppe auf die erreichten Fortschritte aufmerksam?	Immer Manchmal Nie	🙂 😟 ☹
13. Wurden die Ziele der Besprechung erreicht?	Völlig Einige Überhaupt nicht	🙂 😟 ☹

10.4.2. Nachbereitung für die Teilnehmer

Verhalten nach der Besprechung

1. Sorgen Sie dafür, dass alle in der Besprechung getroffenen Entscheidungen, die Ihr eigenes Arbeitsgebiet betreffen, nach der Besprechung auch termingerecht realisiert werden!

Dies erfordert:

- sofortiges Notieren der erforderlichen Massnahmen
- sofortige Rückfrage, wenn Unklarheiten bestehen
- darauf hinzuweisen, wenn sachlich oder terminlich undurchführbare Entscheidungen gefällt werden
- Einführung, Durchführung und Kontrolle der beschlossenen Schritte; Berichterstattung über Erfolg oder Rückmeldung und Begründung der Verzögerung

2. Informieren Sie Ihre eigenen Teammitglieder über die Ergebnisse!

- Das ist sehr wichtig. Wie urteilen Sie darüber, wenn Sie Ihr Chef nicht ausreichend informiert?

3. Erledigen Sie alle Ihre Aufgaben!

4. Wahren Sie die abgesprochene Vertraulichkeit!

5. Schimpfen Sie nicht über Beschlüsse und Personen, mit denen Sie nicht überein stimmen!

- Wenn Sie negative Bemerkungen machen, vergiften Sie das Arbeitsklima. Keiner Ihrer Teammitglieder wird dann bereit sein, hinter den durchzuführenden Massnahmen zu stehen.

6. Überlegen Sie sich, wie Sie die Effizienz des Teams erhöhen könnten!

- Sie können die anderen und sich selbst zum Gewinner machen, wenn Sie Dinge von sich aus bringen, die der Gruppe helfen und die sie brauchen könnte.

11. Transfer

Datum	Aktivität - Was	Bis wann?	Wer?	An wen?

Der Autor: Alexander Scherz, Dipl. Sportpsychologe und Coach, ist mit seiner Firma AS - Coaching spezialisiert auf das Coaching von Teams und Einzelpersonen, die Kommunikation im Team, Konflikt- und Krisen-Management. Als vielseitiger Sportler setzt er seine umfangreichen sportartspezifischen Erfahrungen bei seiner sportpsychologischen Tätigkeit ein. Seine langjährigen Wettkampferfahrungen werden durch Aus- und Weiterbildungen in den Bereichen HorseSense (Berater & Trainer mit Pferden als Co Trainer), zum European Business Coach® und zum Sport Mental Trainer ergänzt.

Falls Sie mit uns Kontakt aufnehmen möchten:

AS - Coaching
Schützenweg 5
CH-4104 Oberwil / BL
Schweiz

Tel.: +41 (0)61 401 31 39
Fax: +41 (0)61 401 31 47
Mail: kontakt@ascoaching.ch
Web: www.ascoaching.ch

Verwendete und weiterführende Literatur:

Bay, R.H. (1998). Teams effizient führen. Vogel: Würzburg.

Birrer, D. & Seiler, R. (2008). Gruppendynamik und Teambuilding. In: J. Beckmann & M. Kellmann (Eds.), Enzyklopädie der Psychologie. Anwendungsfelder der Sportpsychologie (S. 311-392). Hogrefe: Göttingen.

Birkenbihl V.F. (2007) Kommunikationstraining: zwischenmenschliche Beziehungen erfolgreich gestalten, mvg-Verlag.

Bischof, A. & Bischof, K. (2002). Besprechungen effektiv und effizient. Haufe Verlag: Planegg/München.

Gordon, T. (1989). Familienkonferenz. Heyne.

Leeds, D. (2000). Smart Questions: An Essential Strategy for Successful Managers. Berkley.

Maaβ, E. & Ritschi K. (2004). Teamgeist. Jungfermann Verlag, Paderborn.

Niermeyer, R. (2001). Teamarbeit - Führen und Erfolge sichern. Kienbaum bei Haufe.

Orsini, J.N. (2013). The Essential Deming: Leadership Principles from the Father of Quality. McGraw Hill.

Postmann, N. (1976) Crazy Talk, Stupid Talk: How We Defeat Ourselves by the Way We Talk and What to Do About It. Delacorte Press.

Schliermann, R. & Hülss, H. (2008). Mentaltraining im Fussball: Ein Handbuch für Trainer, Übungsleiter und Sportlehrer, Band 1. Hamburg: Czwalina.

Printed by Books on Demand GmbH, Norderstedt / German